KB193557

거쉬업

* 이 책은 방일영문화재단의 지원을 받아 저술 출판 되었습니다.

거 쉬 업

바닥을 차고 오르며 하늘로 분출하는
MZ 괴짜들의 거대한 힘

허의도 지음

이정
서재

목차

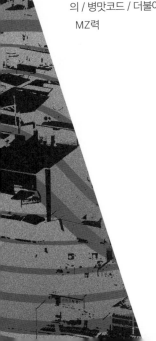

거쉬업 코리아를 향해

걸핏하면 터져 나온다.

'트리클다운(Trickle-down 낙수) 논쟁' 말이다. "아직도 그러고들 있으니 나라 경제가 성할 리 없지" 혼잣말하며 픽 웃는 입꼬리에 '거쉬업(Gush-up)'이란 단어가 딱 걸렸다.

그래, 바로 이거야! 이제는 위에서 아래로 떨어지는 물줄기나 물방울을 거슬러 올라야 해. 밑에서 위로 차고 오르는 기세 같은 것. 분수처럼 솟구치는 형상, 바로 거쉬업이다. 그래야 덜덜거리는 '레몬카(Lemon-car, 고물차)' 신세를 면하는 거다.

중고차로 3차 산업혁명 신작로와 일직선 고속도로까지 잘 달렸으나 4차 산업혁명 AI 메타버스 빅데이터 IoT 챗봇 로봇 자율주행 드론 등이 오가는 입체적 지능길을 내닫긴 역부족.

대전환(Major Conversion)을 말해야 한다. 오랜 시간 지겹도록 변화 혁신 개혁에 방점을 찍었지만 맴맴 제자리, 거기에 온갖 화려하고 자극적인 수식어를 붙여도 구태는 꿈쩍도 하지 않았다. 세상의 이치가 본디 그러하거늘, 책상머리 대전환론이 무슨 소용이 있겠는가.

이 와중 불을 붙여도 좋을 듯한 상징어, 거쉬업이라는 단어가 딱 잡혔다. 트리클다운의 반의어로 의미는 당연하고 '대전환론'을 구체적 로드맵(Road Map)은 물론 액션 플랜(Action Plan)까지 아우르는 키워드로 의미를 부여할 만하다.

우리 경제에서 트리클다운은 상수다. 외면하거나 방치하면 멈춘다. 바닥을 온갖 열기로 들끓게 해 언젠가의 분출을 기다려야 한다. 그렇다고 당장 거쉬업 기류로 트리클다운을 지울 순 없다. 트리클다운과 거쉬업을 동전 앞뒤 면으로 굴려 나라를 리스트럭처링해야 할 시점이다.

글은 거쉬업의 총론과 밑그림, RM에 해당한다. AP는 각 분야에 흩어져 활동 중인 수많은 전문가 집단의 몫으로 넘기는 게 옳다. 제각각의 위치에서 거쉬업 명제를 붙들고 "이젠 분출이다!"를 외치며 자기암시와 자기최면을 걸면 나라 전체를 거쉬업 생태계로 몰아갈 수 있을 테다.

'Gush-up'의 한글 표기는 '거시업'이 맞는다. 하지만 'sh'는 '시' 아니라 '쉬'가 훨씬 오리지널 발음에 가까워 '거시업' 대신 '거쉬업'으로 표기했다. 미시(Micro)의 반의어 '거시(Macro)'와 구별은 기본. 우리말 표기 '거시업'은 영어의 'Gussy-up(옷을 차려 입다)'과 겹쳐 혼선을 줄 우려가 있는 점도 감안됐다.

글의 큰 체계는 거쉬업 의미와 일치시켜 역피라미드, 두괄식으로 전개된다. 글과 영상 콘텐츠의 본론을 먼저 내걸어 방점을 미리 찍은 다음 연관주제를 찾아나가는 방식이다. 큰 단락은 유기적 체계를 갖고 전개되지만 작은 단락은 느슨한 고리에 걸어 속도감 있게 나간다.

　시간이 없는 독자는 끌리는 주제어를 따라 퐁당퐁당, 아니면 전반부 2~3개 챕터를 읽고 접어도 무방하다. 굳이 이 책에 시간과 비용을 투입할 여유가 없는 독자라면 표지만 본 이후 거쉬업이라는 단어를 붙들고 자유롭게 자신의 상상력을 펼쳐도 좋다. 거쉬업의 메시지가 그런 것이니까.

　독일의 플럭서스(Fluxus) 전위예술운동가 요셉 보이스의 작품명 '우리는 혁명이다'를 패러디하며 머릿글을 맺자. "자, 우리는 거쉬업이다!"

1장
왜 거쉬업인가?

갈림길에 서다
- 불출이냐 죽음이냐 그것이 문제

메이저 컨버전

　대전환.

　무척이나 식상하다. 변화 혁신 개혁 등 유사 단어까지 포함하면 지겹다는 냉소도 무리는 아니다. 그런데 대전환은커녕 언제 소전환이라도 했으며 지금은 어쩌고 있는 걸까?

　어디서 대책 없이 헤매다 들고 나오는 것은 또 대전환, 답답한 분위기를 돌려세우기 위해 '그레이트 트랜지션(Great Transition)'이라고 하지만 광고 카피 같긴 마찬가지. 아무데나 습관적으로 갖다 붙이는 '그레이트'의 과장 자극성에 거부반응이 일지 않으면 다행이다.

　'메이저 컨버전(Major Conversion)' 어떠신가? 컨버전은 '전환 개조'란 의미로 트랜지션과 동의어다. 메이저는 마이너와 함께 일상화한 단어라 거부감이 덜하다. 그간 반복적으로 등장했던 전환 명제가 확연히 실체를 드러내지 않았을 뿐, 어딘가에 마이너하게 꿈틀거리고 있을 것이기에 메이저, 메이저 컨버전에 더 끌린다.

우린 오래 마이너에 머물렀다. OECD G20 선진선도 허브 G7 꿈 운운하며 메이저 리그 플레이어를 흉내냈지만 정작 그들은 우리를 몸통 대우하는데 인색했다. 앞으로 10년 마이너 리그까지 요동쳐 곁가지로 내쫓길 우려마저 생겨난다.

방향성은 맞지만 자가발전 후유증으로 동력을 잃어가는 마이너 컨버전, 아무리 쌓아도 메이저 컨버전으로 가지 못한다. 바쁘다. 디지털 전략가 피터 틸의 말처럼 시간이 흐른다고 다 미래가 되는 게 아니다. 우린 어디서 맴돌고 있는가?

역피라미드

피라미드, 거꾸로 놓은 역피라미드를 떠올려보라.

피라미드는 상단 꼭짓점에서 아래로 퍼지는 형상, 역피라미드는 하단 저점에서 위로 솟구치는 모습이다. 글의 논리구조로 말하면 피라미드는 차근차근 풀어 결론을 수렴해가는 미괄식, 역피라미드는 결론을 먼저 말하고 이유를 갖다 대는 두괄식이다.

역피라미드는 기사체를 말할 때 자주 사용하던 단어다. 뉴스는 물론 심지어 해설까지도 머리에 핵심 팩트를 나열한다. 후반부나 말미에서 글을 뭉터기로 잘라내도 의미 전달에 문제없도록 해야 하는 원칙 때문이다. 종이나 방송 매체의 경우 지면과 시간 제약으로 기자가 쓴 기사를 편집자가 본의 아니게 줄이고 잘라야 하는 사례가 빈발한다.

기자들은 늘 이런 불상사를 염두에 두고 기사를 출고해야 하는 스트레스에 시달린다. 인터넷이나 모바일 글쓰기를 하는 사람은 이해하지 못하는 일이다. 글을 담는 그릇의 크기에 제약이 없어 아무리 긴 글도 소화 가능한데다 애당초 글이 그리 길지 않기에.

거쉬업은 역피라미드다. 피라미드는 넓은 바닥의 안정감으로 정점을 지키며 오래 풍파를 견뎠다. 역피라미드는 지금에라도 쓰러질 듯 불안하다. 불안정하나마 균형을 잡게 하는 방법은 강한 분출뿐. 흔들리며 버티는 게 거쉬업의 본질이다.

피라미드형 트리클다운 꼭짓점 물줄기는 가늘다. 곧 메말라버리면 평화는 깨지고 피라미드는 바람에 흩어질 것. 거쉬업 메이저 컨버전만이 유일 대안이다.

간헐천

경이로운 자연현상이 있다.

간헐천(間歇泉 Geyser)이다. 활화산 지대, 마그마에 의해 데워진 지하수가 압력을 견디지 못해 땅의 약한 부분을 뚫고 솟아오르는 현상, 거대한 간헐천의 물기둥은 말 그대로 장관이다.

한번 뿜어져 나오고 몇 초 심지어 며칠이 지나서 다시 솟아나는, 가장 유명한 간헐천은 아이슬란드의 게이시르다. 그래서 간헐천을 영어로 아예 Geyser라고 한다.

무려 75m까지 치솟는 뜨거운 물기둥도 있다. 그 숨 막히는 장면을 보며 인간은 무슨 생각을 했을까? 가늠할 수 없는 땅속의 신비와 분출의 에너지를 삶의 동력으로 삼았지 싶다.

그렇게 인류는 발전하고 성장했다. 날개 없는 폭포수의 추락, 그 무기력함을 탓하며 간헐천 물기둥 같은 솟구침을 늘 염원했을 터.

분수는 예술이다.

인류는 간헐천 물기둥을 오래 머리에 새겼다.

어찌하면 자연이 아닌 인공으로 간헐천의 현상을 재연할까? 거기서 등장한 것이 분수다. 스케일을 비교하긴 난감하지만 떨어지는 물의 원리를 이용해 분수를 고안했다.

최초 아이디어맨은 기원 전 1세기 로마의 초대 황제 아우구스투스의 집정관이었던 마르쿠스 아그리파로 알려져 있다. 로마 목욕탕에 물을 공급하기 위해 외곽의 물을 끌어 수로를 만들 때 일부 구간 땅 속으로 흘려보냈다 위로 솟구치게 한 '처녀의 수로(Aqua Virgo)'가 효시다. 경사가 급한 곳에서 빠르게 떨어질 때 생성되는 운동량으로 물이 반대편 언덕을 차고 올라가는 원리를 이용한 거다.

로마의 초기 분수를 전기에너지로 분수를 강하게 솟구치게 하는 지금의 시선으로 유치하게 보면 오산이다. 로마의 옛 도시나 고대 유적지에서 만나는 트레비 등 2천여 개 분수는 물이 연출하는 예술이다.

떨어지는 폭포수는 장엄하지만 돌아서면 허망하다. 솟구쳐 흩어지는 분수는 화려한 창작, 그래서 최고의 사치다. 당시 로마의 엔지니어링 기술은 상상을 초월했다. 상상을 뛰어넘는 상상력의 산물이자 선물이었다.

이어령의 '제기 차는 소년'

2023년 작고한 석학 이어령을 떠올린다.

문학사상이 1975년 『생의 한 가운데』의 작가 독일 루이제 린저를 한국에 초청했을 때 부산에서 그를 처음 만났다. 내가 서울에 와 신문기자 생활을 하며 인연은 더 길게 이어졌다. 모임에 가면 그는 어김없이 다른 문화계 인사들에게 "우리 문화부장 시인이야, 어디로 등단했다 했지?"하며 나를 치켜세웠다. "박맹호의 민음사 계간 《세계의문학》입니다." "아 박맹호, 훌륭하지."

그러면서 그는 수많은 담론을 쏟아냈는데 그의 폭발적인 지식과 아이디어를 머리에 다 담아내기 버거웠다. 개중 그의 제기차기론은 오래 기억에 맴돌았다. 그는 자신을 '제기 차는 아이'라고 했다. 그 얘기가 유작집 『눈물 한 방울』(2023년, 김영사)에 실렸다.

"어렸을 때 재기를 만들어 찼다. 제기가 무어냐고 묻는 아이들이 있다. 발로 차는 배드민턴이라고 말하면 웃는다. 대개 경기나 놀이는 손으로 한다. 무엇을 만들 때에도 마찬가지다. 그래서 손재주라는 말은 있어도 발재주라는 말은 들은 적이 별로 없다."

글은 이렇게 이어진다.

"제기차기는 재미있다. 거꾸로 가는 세상은 아이고 어른이고 흥분시킨다. 그것은 반란이고 혁명이고 반체제이기 때문이다. 물구나무를 서거나 가랑이 사이로 보는 풍경은 그야말로 오스트라네니, '낯설게하기'의 일종이다. 일상의 습관에서 반복과 지루한 동어반복으로부터의 탈출이다."

오스트라네니(Ostrannenie), '낯설게하기' 미학이론을 완성한 러시아 형식주의자들의 표현이다. 그의 현란한 논리는 이렇게 완결된다. 거쉬업의 철학적 근간으로 삼아도 좋겠다 싶다. '제기 차는 아이' 이어령은 떠났지만 그를 오래 기억해야 하는 이유다. 약간 길지만 끝까지 옮기자.

"아이들에게 제기차기는 실패를 위한 것이다. 언젠가 제기는 땅에 떨어진다. 아무리 잘 차도 허공으로 날아오른 제기는 추락한다. 제기는 새도 아니고 구름도 아니다. 발로 찰 동안만 살아 있다. 제기의 하얀 술이 높이 올라갈 때, 떨어지는 것을 발로 받아 올려 찰 때 제기는 하얀 날개를 달고 난다. 제기는 엽전으로 만든다. 엽전은 시효를 잃은 돈이다. 돈의 가치를 잃은 엽전의 네모난 구멍은 단지 제기를 만드는 데 필요한 모양을 하고 있다. 돈에서 놀잇감이 된 절묘한 반전. 발의 반란처럼 제기가 된 엽전은 화폐의 반란이다."

이어령은 거쉬업이라는 표현을 사용한 적이 없다. 재기차기는 거쉬업이다. '재기 차는 아이'는 거쉬업 엔지니어, 이어령 자신이기도 했다.

히딩크 골 세리머니

우리는 아직도 히딩크를 추억한다.

한국축구의 2002년 월드컵 4강 신화를 어찌 잊을손가? 누가 나에게 살면서 가장 행복했던 때가 언제냐고 묻는다면 망설이지 않고 2002년 초여름의 환희를 말하리라. 상당 수준의 정치 민주화와 경제 고도화 위에서 터진 붉은악마의 응원가와 선수들의 경기력은 온 나라를 흥분으로 몰아가기 충분했다.

한복판에 네덜란드 출신 명감독 거스 히딩크가 있었다. 선수 선발부터 달랐다. 온갖 복잡한 인적 물적 변수를 싹 무시하고 오직 실력 순서로 줄을 세웠다. 잡음이 사라졌다. 그런 다음 그라운드에서 죽을 각오로, 아니면 젖 먹던 힘까지 다해 뛰겠다는 말만 반복하던 선수를 생각하는 축구로 이끌었다.

Hiddink에 'He think'란 닉네임이 주어졌다. 경기 때 그가 얼마나 창의적인 전략을 구사했는지를 여기 다 적을 수는 없다. 선수들도 죽기 아니면 살기 아니라 상상력으로 그라운드를 누볐다. 아, 골인 장면에서 터져 나왔던 그의 어퍼컷 골 세리머니 기억하시나? 바로 거쉬업 포즈고 포스다. 히딩크는 늘 그리울 것 같다.

Aporia

아포리아, 고대 그리스 철학 용어다.

논리적 한계로 궁지에 몰린 상태를 일컫는다. 일반적으론 난파 직전, 좌초 직전의 대혼란 패닉상태를 지칭하기도 하는데 경구 격언 잠언을 의미하는 아포리즘(Aphorism)과 헷갈릴 우려가 다분하다.

우린 짙은 안개를 만난 것처럼 오래 길을 잃고 헤맸다. 그것은 안개 아니라 거품이었는지 모를 일이다. 다시 싸워야 할 적을 분명하게 설정할 수 있기에 혼란은 덜하다. 그 전선은 금방 흐트러질 것 같지도 않다. 지도층과 사회 상층부가 각성해 거품 제거에 나서지 못하면 우리는 허영의 포위망에 갇혀 고사한다.

　허세로 얼룩진 지도부와 밑바닥의 민초로 분열되면 나라는 끝장이다. 구한말 의병운동이 그랬듯이 지도층의 소극적 태도로는 명분도 실리도 얻지 못한다. 우선은 거취업을 모멘텀 삼아 나라 대전환, 전면 혁신의 길을 가야 한다. 대각성의 시대를 열어젖히는 도전에 누구 하나 예외일 수 없다. 절체절명의 벼랑에 서고나면 백약이 무효다.

Tight & Loose

　자유와 다양성의 사회규범을 받아들이는 태도.

　나라마다 다르다. 정부 지침에 일사불란 따르는 국민이 있는가 하면 지독하게도 말 안 듣고 멋대로인 사례도 허다하다.

　미국 메릴랜드대 심리학 교수 미셸 겔펀드는 저서 『선을 지키는 사회, 선을 넘는 사회(Rule Makers, Rule Breakers)』(2020년, 시공사)'에서 '빡빡한(Tight) 문화'와 '느슨한(Loose) 문화'를 말했다. 전자는 강한 사회규범으로 일탈을 거의 용인하지 않는 문화, 후자는 규범이 약하고 관대한 문화다.

　우리는 어느 쪽일까? 간단히 재단할 일은 아니지만 대체로 선을 넘는 사회였다. 그걸 왕권 관료체제 군부독재 등 절대 권력으로 눌렀다. 그러다 1987년 민주화, 흔히 말하는 1987년 체제를 기점으로 무제한 선을 넘는 길을 갔다. 걸림돌이나 장애물이 하나씩 제거된 길을 신나게 달리는 짜릿함이란.

1987년 체제가 거쉬업 생태계를 조성하는 쪽이었다면 나라는 의미 있는 메이저 컨버전을 기하면서 성장 아닌 발전 가도를 달렸을 것. 단순 욕망분출의 시간이었기에 아쉬움이 컸다. 지금은 그 가도의 막다른 길이다. 돌아 퇴각하느냐, 벽에 부닥쳐 깨지느냐, 강한 도약으로 담을 넘느냐의 갈림길이라 해도 무방하다. 답이 필요 없는 질문, 거쉬업 분출만이 유일 선택지다.

플라이 휠 효과

자동차 부품 플라이 휠(Fly Wheel).

회전에너지를 전달하는 전도축에 부착되는 관성 모멘트가 큰 바퀴다. 엔진 출력을 원활하게 해주는 기능을 한다. 휠의 첫 회전에는 많은 에너지가 필요하지만 한번 돌기 시작하면 관성으로 계속 도는 원리를 적용하고 있다.

아마존 CEO 제프 베이조스는 이 부품에 경영철학을 갖다 붙였다. 우선 낮은 가격에 제품이나 서비스를 제공하면 수요가 늘면서 새로운 판매자 진입을 유도, 매출과 생산의 지속적인 증가를 기할 수 있다. 기업은 규모의 경제를 달성하며 시장 지배적 사업자로 자리를 굳힌다. 플라이 휠 회전을 닮은 선순환 모델이다.

아마존드(Amazonned). 아마존이 시장을 지배 점령하는 것을 의미한다. 부정적인 측면도 없지 않은데 거쉬업도 유사한 경로의 전략이다. 밑바닥이 강한 회전력으로 출력을 가속화하는 데는 상당한 시간과 비용이 들어간다. 하지만 바퀴가 나선형으로 돌아 솟아오르면 관성의 법칙을 예감해도 좋다.

거쉬업 선순환의 길은 멀다. 트리클다운 악순환 고리를 방치하기 십상인 이유도 여기서 비롯된다. 선진국이 발전 가도를 달리며 뿌려대는 설탕물이나 떡고물에 길들면 주변국 신세를 면하지 못한다. 플라이 휠 거쉬업을 위해 맨땅에 헤딩 쿵!

몸통 vs 곁가지

겉핥기 그리고 보여주기.

흔히 현안에 진지하게 접근하지 않을 때 이런 표현을 쓴다. 이미지 시대라 본질보다는 피상이나 표상에 치우치는 경향이 농후해 어쩌지 못한다.

몸통과 곁가지는 범죄에서 주범 공범을 칭하면서 자주 사용됐다. 그러다 속살과 껍질을 나누는 단어로 쓰였다. 겉 다르고 속 다른 여러 사안을 거론하는 방편으로 몸통/곁가지가 의미를 더하고 있는 것.

우리의 허술한 몸통 사례는 넘친다. 예컨대 아이 어른 다 즐기는 과자류. 실속을 꽉 채운 게 거의 없다. 봉투와 포장은 크고 근사한데 막상 뜯으면 실망이다. 가격을 올리는 대신 중량이나 개수를 줄이는 슈링크플레이션(Shrinkflation)을 자주 말하지만 우리에게 그건 일상이었다. 볼품없는 과자 몸통을 곁가지 포장술로 커버해서 팔았다.

미국 유럽 쪽 과자를 보면 정반대다. 포장은 허술해도 실속은

빵빵하다. 심지어 태국 베트남 인도네시아 수입과자도 몸통 중심
이다. 그러다보니 우리 과자를 먹노라면 안은 부실하면서 겉만 번
듯한 나라를 떠올릴 수밖에. 언제 우리는 실속 중심의 사고와 실
행을 하게 될까?

곁가지로 망치는 다른 것 하나. 요즘 TV마다 난리인 대중음악
경연 프로그램이다. 카메라는 무대에 선 가수의 노래와 무대매너
에 집중하지 않고 심사위원 패널이나 관중의 표정과 동작을 포커
싱하기 바쁘다. 패널들은 렌즈를 의식해 순간순간 묘한 표정이나
억지 제스처를 취하고 관람객은 카메라를 피하느라 쩔쩔 맨다.

영상은 산만하면서 자극적이다. 시청자가 가수의 노래에 집중하
는 것은 불가능하다. 방송사는 곁가지로 시청률 승부를 볼 참이다.
카메라맨은 그 재미에 빠져 무대 위 경연자를 소홀히 하는지도 모르
겠다. 참을 수 없는 뜸들이기의 짜증, 본질을 외면하고 주변 스케치
에만 빠진 행태에 시청자는 지쳐갔다. 거부의 몸짓이 불가피했다.

한 TV 대중음악 마니아의 말이다. "복면가왕을 먼저 끊었고 이
어 싱어게인 히든싱어 불후의명곡 등 채널도 이제는 잡지 않는다.
이러다 경연 프로그램은 무조건 패스 아닐까 싶다. 남은 것은 열
린음악회 정도. 다소 밋밋하지만 그런 대로 괜찮다."

그러면서 그는 "심야프로라 대중의 접근성이 떨어지지만 EBS
공감 같은 수작도 있고 채널을 돌리다 우연히 만나는 OBS U버스
킹청춘레코드 등 무명 프로그램에 오히려 끌림이 있다"고 평한다.
프로페셔널들이 펼치는 열정적이면서 실험적인 무대거나 아예 아
마추어 무명 대학생 가수들이 자작곡을 선보이는 담백하고 진솔
한 무대가 의미를 더한다는 것.

전적으로 공감한다. 이제 몸통에 충실하자. 기업도 방송사도 다른 그 무엇도, 아니 나라까지 곁가지 전략으로 본전 뽑을 만큼 뽑았다. 영화 '친구'의 유행어로 "마이 뭇따 아이가?"다. 그래야 지속 가능성을 담보할 수 있다. 트리클다운은 곁가지 선점전략이다. 이제 무게중심을 온통 몸통에다 실어야 할 때다. 거쉬업으로 치솟지 못하면 우리는 이 표류를 멈추기 어렵다.

회색 코뿔소, 블랙 스완

그리고 보랏빛 소

Gray Rhino, 회색 코뿔소.

명백한 위험을 너무 쉽게 간과하거나 외면하는 것을 비유한 용어다. 코뿔소는 멀리서도 눈에 잘 띄며 진동만으로도 움직임을 느낄 수 있지만 사람들은 정작 두려움 때문에 아무 대응도 못하는 것을 주목한 것.

세계정책연구소 대표 미셸 부커가 2013년 1월 다보스포럼에서 처음 발표했다. 이후 뉴욕타임스 월스트리트저널이 그것을 중국경제에 적용하고 이어 중국 언론까지 가세하는 바람에 회색 코뿔소는 중국경제의 위기로 상징됐다. 중국의 비금융 부문 부채와 부동산 버블을 경계해야 한다는 주장이 이어졌다.

블랙 스완(Black Swan 검은 백조)을 떠올린다. 극단적으로 예외적이어서 가능성은 낮지만 일단 발생하면 엄청난 충격과 파급효과를 가져오는 사건을 가리킨다. 미국 뉴욕대 폴리테크닉연구소 교수 나심 니콜라스 탈레브가 2007년 발간한 '블랙 스완'에서 월스 트리트의 허상을 파헤치며 거론한 개념이다. 9·11 테러는 물론 구글 아마존의 성공 등 긍정 부정적 요소를 다 포함한다.

보랏빛 소(Purple Cow)는 어떤가? 미국의 마케팅 전도사 세스 고든의 저작 『보랏빛 소가 온다』에서 유래했다. 마케팅의 기본은 4P, 제품(Product) 가격(Pricing) 유통(Place) 판매촉진(Promotion)인 데 지금은 대규모 광고를 통해 브랜드력을 구축해 알리는 게 아니 라 특이점이 있는 마케팅으로 승부해야 한다는 것. 다른 제품과의 차별화가 바로 보랏빛 소다.

회색 코뿔소의 위협에 봉착한 것은 비단 중국만이 아니다. 오히 려 우리가 더 심각한 국면일지도 모르겠다. 자칫 방심하면 당한 다. 여기서 필요한 것이 거쉬업 역량이다. 보랏빛 소로 평원을 거 닐고 검은 백조로 하늘을 날아야 하는데 그게 그냥 주어지지 않는 다. 절박한 새 선택의 기로다.

경로의존성

Path Dependency.

미국 스탠퍼드 대학의 폴 데이비드 교수와 브라이언 아서 교수 가 주창한 개념이다. 일정한 경로에 의존하기 시작해 익숙해지면 훗날 경로가 비효율적이라는 사실을 알고도 벗어나지 못한다는 거다. 개혁과 혁신을 도모하는 자들이 실감하는 현상이다. 차라리 혁명이 주효하다며 포기하고 돌아서기도 한다.

빅 픽처(Big Picture) 같이 물꼬를 거창하게 돌리는 것만이 아니라 새 장비를 도입한 공장도 엇비슷하다. 근로자 손동작 하나 바뀌 생산성을 높이고자 해도 경로의존 저항은 지속된다. 지금까지 이렇게 해왔고 이렇게 해도 아무 문제가 없는데 왜 바꾸느냐는 반발이다. 변화에 오랜 시간이 걸릴 것은 당연하다.

3가지를 회피해야 변화에 가닿는다. 안전지대(Comfort Zone), 학습된 무력감(Learned Helplessness), 최소 저항의 길(Path of Least Resistance)이다. 안전지대는 그냥 편안한 곳, 학습된 무력감은 좀 안다는 사람의 병적인 나태, 최소 저항의 길 역시 앞선 둘을 합친 것과 흡사하다. 요컨대 3가지는 적당한 요령으로 도전을 피해가는 잿빛 삶의 방식이다.

트리클다운 역시 예외는 아니다. 오래 전 시효를 다했다는 반성과 통찰이 등장했지만 끝내는 달콤한 낙수효과를 떨치지 못했다. 관성 타성은 이토록 무서운 것. 이제는 시간이 없다. 어서 여기저기 묻은 트리클다운 물방울 흔적을 털고 일어서야 한다. 찬란한 옛 영광 회복 같은 낡은 표현을 걷어내야 현상유지라도 가능하다.

편안한 밤 속으로 순순히 들지 마라

영국 시인 딜런 토마스.

그는 'Do not go gentle into that good night'란 시 도입부에 "편안한 밤 속으로 순순히 들지 마라"고 썼다. 다음 구절은 "꺼져가는 불빛에 분노, 또 분노하라!"다. 안락함을 거부하는 분노, 과격하지만 그렇게 해야 변한다.

단순한 분노는 상처투성이다. 전방위 극한경쟁에 지쳐 뒤처지면 바로 하류인생, 다시 뛰어야 하는데 이번엔 번아웃, 화만 남아 휘몰아친다. 걸핏하면 뛰어내리고 아니면 칼을 빼든다. 경찰의 순찰을 강화한들 분노를 단속하고 다스릴 순 없는 노릇이다. 분노는 죽음마저 가소롭게 여기기에 비극적 엔딩을 어쩌지 못한다.

화를 다스리는 마음챙김 어떤가? 그래야 분노는 거쉬업의 에너지가 된다. 같은 분출이지만 상처로 남는 분노는 악이다. 거기서 돌출하는 단어는 헬조선. 너무 숨이 가쁘면 잠시 멈춰 서서 느리게 흐르는 샛강의 물줄기를 바라보자. 그렇게 꺼져가는 불빛에 분노 또 분노하자. 번지수 모를 문턱에 서서 달라질 거쉬업 세상을 꿈꾼다.

낯선 곳에서의 아침

우린 한참을 걸었다.

돌아갈 지점을 지났지만 아무도 경계하지 않았다. 여전히 걸음을 멈출 요량이 아니다. 지난 시대의 거대한 물줄기는 굽어 어디론가 꼬리를 감추고 새 길이 희미하게 모습을 드러낸다. 낯선 곳에서 만나는 새벽의 두려움과 설렘이 교차하겠지. 조금씩 익숙해질 거야.

안개 가득한 길목에서 변화경영의 구루 구본형을 떠올린다. 『익숙한 것과의 결별』『낯선 곳에서의 아침』 등 저술을 남기고 2013년 우리 곁을 떠났지만 아직도 변화경영 철학을 공유하며 공부하는 후학들이 그를 기린다. 저술에 이런 대목이 나온다. "과거의 성공은 오늘의 변화에 짐이 된다. 성공은 곧잘 우리를 도취하게 만든다."

기업이나 조직이 난관에 부닥치면 으레 과거 성공한 CEO를 소환하고 싶은 유혹에 시달린다. 돌아온 CEO는 변화와 미래를 말하지만 그건 장식용일 뿐, 옛 영광의 '핵심역량(Core Competence)' 운운하며 과거를 뒤적인다. 당연히 실패다. 핵심역량의 후유증을 앓고 있는 기업에 유효기간을 다한 진통제와 캠퍼주사가 통하겠는가?

변화는 고통이다. 자연 회복력으로 버티는 게 베스트지만 거대한 흐름은 비껴가기 십상. 새벽안개를 뚫고 조금씩 드러나는 길, 우리의 새 세상, 미래는 설렘과 두려움의 범벅이다. 달리 방법이 없다. 거쉬업 역량으로 헤쳐 나가야 한다. 낯선 곳의 새벽은 아침이 되며 차츰 안개를 걷어낼 것.

2장

트리클다운 깊이읽기

날개 없는 추락의 징후들
-웬 피크 차이나, 피그 재팬 타령인가?

마이너 컨버전

트리클다운 성장 프레임.

이를 완전 폐기할 수 있을까? 답은 '네버'다. 낙수효과는 거쉬업과 동전 앞뒤 면처럼 구른다. 선택 사양이 아니라 무게중심 사양이기 때문이다.

거쉬업 분출력으로 기세등등한 선진국도 결가지 트리클다운의 수혜를 누린다. 우리 같이 트리클다운에 갇힌 경제체제도 간혹 거쉬업을 터트리기도 하고. 후발개도국의 선도 선두 같은 표현은 거기서 비롯한다.

'마이너 컨버전(Minor Conversion 소전환)'이다. 거쉬업 생태계로 전면 전환하고 싶어도 늘 제자리걸음. 트리클다운의 안락함과 달콤함이 뒷다리를 잡는다. 사람과 시스템은 과거나 바로 직전 구도에 견주어 '안 되는 이유'를 늘어놓으며 저항하기 일쑤다.

당장 매력적인 선택지는 마이너 컨버전이다. 하지만 쌓고 또 쌓아도 마이너일 뿐, 어디에 방점을 찍고 무게중심을 싣느냐의 문제에 부닥쳐 끝내는 메이저 컨버전 문턱에서 멈춰 선다. 두 바퀴로 같이 가는 게 상책이라는 어정쩡한 수렴점이 등장하기도 한다.

그래서 여기서 대전환은 그레이트 트랜지션이 아니라 메이저 컨버전이다. 메이저/마이너, 우린 그 용어에 익숙하다. 미국 프로야구의 메이저리그/마이너리그와 함께 주류/비주류, 오버그라운드/언더그라운드란 단어를 떠올리는 것으로 설명은 충분하다. '한 번 해병은 영원한 해병' 구호와는 달리 영원한 메이저는 물론 영원한 마이너도 없다.

경계선을 오가는 운동선수 아티스트 등 활동가가 숱하다. 변수는 개별 의지와 역량뿐, 운전대를 메이저 컨버전 쪽으로 몰아 조직 생태계를 바꾸는 게 절실하다.

NICS

닉스, 영어로 NICS.

1980년대 신흥공업국가를 부르던 'Newly Industrializing Countries'의 약자다. 그냥 '닉스'라고 했다. 경제발전 단계에서 선진국과 후진국의 중간에 위치하며 공업화 드라이브를 거는 나라들로 한국 홍콩 대만 싱가포르 멕시코 브라질 아르헨티나 등을 지칭했다. 하지만 브라질 멕시코 등이 외채의 늪에 빠져 대열에서 탈락하면서 NICS는 '아시아 네 마리 용' 혹은 '아시아 4룡'이라는 닉네임으로 불렸다.

1988년 중국이 대만과 홍콩은 국가가 아니라고 주장하는 바람에 '신흥공업경제체제(Newly Industrialized EconomieS)', 즉 NIES라는 명칭으로 바뀌었다. 자칫 한국도 멕시코 브라질 아르헨티나와 함께 외채 위기국 오명을 안고 탈락할 뻔했다. 나라 이름의 첫 글자를 딴 'MBA'에 'K'를 붙여 'MBAK'가 될까 말까, 1980년대 중반은 아슬아슬했다.

이는 당시 서구에서 불었던 '정치적 올바름(Political Correctness)' 바람과 궤를 같이 한다. 미국과 러시아 2극체제에서 선진국 아니고는 그냥 저개발국이고 후진국이었다. 이를 차별적 표현으로 간주한 서구의 소수 경제학자들이 새로운 용어를 찾던 중 사회학자 피터 워슬리가 1964년에 발간한 책『제3세계: 국제관계에서 떠오르는 새로운 핵심 세력』의 '제3세계'에 끌렸다.

단어는 금방 거부반응을 불렀다. 당시 유행하던 '종속이론'과 이에 편승한 '비동맹운동'의 중추 세력이 바로 제3세계라는 국제정치 색채가 강했기 때문이었다. 여기에 빈곤 불안정 비위생 같은 나쁜 이미지가 잇따라 덧씌워지면서 힘을 잃고 말았다.

그때 등장한 것이 NICS고 아시아 4룡이고 NIES였다. 이후 다른 신흥개도국을 묶어 여러 표현으로 그들의 성장과 개발 의지에 의미를 부여했다. 2001년 골드만삭스 경제학자 짐 오닐의 네이밍으로 시작돼 최근까지 남은 게 '브릭스(BRICS)', 즉 브라질 러시아 인도 중국 남아프리카공화국이다. 이들 5개국의 국가 구매력GDP는 이미 서방 선진 7개국(G7)을 넘어섰다. 중국 베이징의 억만장자 수가 뉴욕을 넘어선다는 통계수치도 있다.

게다가 2023년 8월 24일 남아프리카공화국에서 개최된 브릭스 정상회의에서 기존 5개국은 아르헨티나 이집트 에티오피아 이란 사우디아라비아 아랍에미리트 등 6개국의 2024년 1월 1일부 가입을 승인했다. 이제 브릭스는 강한 블록화를 지향하는 듯하다.

같은 맥락에서 새롭게 등장한 조어 '글로벌 사우스(Global South)'. 명칭은 달라졌지만 결국엔 개발도상국 저개발국 후진국 등으로 불리는 국가들을 뜻하긴 마찬가지다. '사우스'라는 말이 붙은 것은 이들 국가 대부분이 아프리카 라틴아메리카 등 남반구에 위치해 있기 때문이다. 무려 130개국이 그 범주에 들어간다.

기러기선단형 성장 모델

닉스의 성장 스타일과 전략은 다양하게 논의됐다.

개중 가장 주목을 끌었던 것은 일본 경제학자들이 들고 나왔던 '안행(雁行) 모델(Flying Geese Model)', 풀네임은 '기러기선단형모델(雁行形態論)'이다. 1930년대말 일본 경제학자 카나메 아키마쓰가 처음 착상한 '雁行'은 '기러기 비행'이라는 뜻, 여기에 성장이론을 붙여 '기러기식성장이론 (The Theory of the Flying Geese Pattern of Development)'이 됐다.

일부에서는 이를 '항공모함전단(航空母艦戰團 Carrier Strike Group)' 모델이라고도 불렀다. 닉스는 선진국과 수직적 분업으로 성장 동력을 강화하면서 자국에서 대기업과 중견 중소기업을 다시 수직

계열화(Vertical Integration)해 생산 효율성을 극대화하는 구조다. 대장 기러기가 선두에 서고 나머지 졸병 기러기가 V형으로 나르는 비행이다.

왜 이런 형태를 취하는가? 대체적으로는 대장 기러기가 선두에서 맞바람을 100% 다 견디며 날면 좌우 비켜 따르는 졸병 기러기는 에너지의 70%만 들이고도 비행을 할 수 있다는 분석이 유력하다. 선진국이 수입을 탐색하면 이를 글로벌 경쟁력을 갖춘 닉스의 대기업(한국의 경우 재벌 계열 종합상사)이 앞장서서 수주, 나라 안 소재부품 산업체에 필요한 중간제품과 서비스를 재발주한다. 수혜가 연쇄적으로 이어지는데 바로 트리클다운이다.

여기에 한국 대만 싱가포르 홍콩은 특유의 신속추격(Fast Follow) 근성으로 다른 후발도상국을 따돌렸다. 아직 그 구도는 유효하다. 하지만 임금 상승으로 인한 가격경쟁력의 한계로 역할은 중국 인도 등 브릭스나 글로벌 사우스로 넘어가는 중이다.

트리클다운, 이대론 안 된다

닉스는 함께 고민에 빠졌다.

선도국이 흘려주는 성장의 단물을 빨아들이는, 혹은 손쉬운 과실 수확이나 파이 나눔에 길들여지는 걸 두려워 했다. 트리클다운 호시절이 오래가지 않을 것이라는 경계심이 끊임없이 발동한 결과였다.

그렇다고 선진국형 창발이 그냥 나오랴? 고려대 사회심리학 전공 허태균 교수의 "한국, 진짜 물건을 잘 만든다. 하지만 그 물건을 왜 만드는지를 모른다"는 말에 실상이 다 담겼다.

설마하니 '왜 만드는지'를 모르겠나? 물건의 기본 콘셉트 구성과 디자인 및 원천기술 구현, 그리고 섬세한 제조력 등 단계별 제품화 능력이 없다는 의미다. 퍼스트 무브(First Move)와 거쉬업 역량의 부재를 탓하는 것이다.

한국경제를 이끄는 두 바퀴, 삼성전자의 스마트폰과 현대차의 미래 모빌리티는 아직 패스트 팔로 단계에 머물고 있다. 예컨대 삼성전자는 스마트폰이나 태블릿PC를 세계에서 가장 잘 만들어 팔지만 그게 궁극적으로 어떤 콘셉트의 제품이며 왜 만들어야 하는지를 제시한 사람은 애플 CEO 스티브 잡스다.

과거 거쉬업 성과를 잊을 수 없다. ETRI(한국전자통신연구원)가 주도한 TDX(전전자교환기) CDMA(코드분할다중접속) 기술은 유무선통신의 신기원을 이뤘고 삼성전자의 낸드플래시와 반도체 집적도, 현대자동차의 독자엔진 개발력 등은 획기적이었다. 그러나 거기까지. AI 메타버스 빅데이터 로봇 챗GPT 드론 등 4차 산업혁명기를 치고 나갈 신기술 톱클래스 스타트업에 우리 기업의 이름은 없다.

이정동 서울대 공대 교수는 이를 "1단로켓의 비행거리를 다 날아 2단로켓 추진력으로 갈아타야 하는데 아직도 1단로켓을 떼지 못해 2단로켓 점화에 실패한 국면"이라고 분석한다. 그러면서 그는 '최초의 질문'에 이어 '그랜드 퀘스트(Grand Quest)'를 제시할 수 있어야 하고 산업과 세상의 '열린 생태계'에서 끝장 토론을 거쳐 '스케일업(Scale-up)' 기본 토대를 형성해가야 한다는 논지를 펴고 있다.

유교 자본주의

아시아 4룡의 급부상.

서구학자들은 이를 유교국가의 장점 극대화로 분석, Confucius Capitalism(유교 자본주의)이라는 용어를 갖다 붙였다. 일부에선 Asian Values(아시아적 가치)라고 했다. 자본주의는 사유재산 제도와 의사결정의 분권화를 토대로 하는 경제체제지만 이들 아시아 4국의 경우 전통적 유교문화 기반 위에 독자적인 자본주의를 구축 시현하고 있다는 것.

동아시아 자본주의의 핵심은 가족 중심의 온정과 공생의 집단주의다. 이 가치관으로 사회와 국가를 조직화해 실천적 윤리와 도덕을 가미, 독특한 인간 존중의 자본주의를 열어간다는 게 서구의 시각이다. 특히 유교사회의 높은 교육열은 인적자본의 질을 높여 성장의 원동력으로 삼았다고 했다.

이는 종래 아시아적 가치나 유교 자본주의를 온정주의 혈연주의 등 결점 투성이로 봤던 것과는 대조적이다. 문제는 한국. 대만 싱가포르 홍콩과 달리 우리나라가 급전직하로 추락하는 모습을 보이자 과거 시선으로 돌아가는 듯한 양상을 드러내고 있기 때문이다.

미국에서 주목받는 인플루언서 작가 마크 맨슨은 2024년초 한국 방문기간 중 사회적 집단 우울증을 주목하면서 이렇게 발언했다. "슬프게도 한국은 유교의 가장 나쁜 요소, 즉 현란한 물질주의와 돈벌이에 집착하면서 가장 좋은 자기표현과 개인주의를 무시했다. 타인을 의식 판단하는 부분을 극대화한 반면, 가족이나 지역사회와의 친밀감을 저버렸다."

그의 말이 아니라도 작금 한국사회는 집단 스트레스와 절망감이 깊다. 좌절감은 트리클다운에서 거쉬업으로 넘어가는 전환기의 진통이어야 한다. 우리가 누리던 트리클다운 효과는 다른 후발도상국으로 빠져나갔다. 거쉬업 메이저 컨버전은 아직 멀다. 이대로 집단 우울증 수렁에 빠져 추락을 거듭할 건가, 아니면 유교 자본주의 다른 희망의 출구를 찾아 탈출할 것인가? 그것이 문제로다.

종속이론

바람은 거셌다.

1960년대 일단의 좌파 경제학자들은 폴 바랑, 폴 스위지, 안드레 군더 프랑크 등 신마르크스주의자들의 정치경제학 이론을 구조주의와 결합해 후진국을 재단했다. 서유럽의 발전이론을 남아메리카나 아프리카 사회에 적용하기는 부적합하다는 게 결론이었다.

종속이론의 틀이 잡혀갔다. 알제리 루이 알튀세르, 아르헨티나 라울 프레비시 등 이론가가 바람을 주도했다. 그들은 거대 세계자본주의를 중앙(Centre)의 주변(Periphery) 착취로 규정하면서 '저개발의 개발' 악순환 고리를 끊어야 한다고 목소리를 높였다.

개발도상국의 수출 드라이브와 수입대체 방식 성장이 도마에 올랐다. 종속이론가들은 이를 세계 곳곳을 스며든 거대 자본에 편입을 의미한다고 단정했다. 저개발로부터의 탈출이 아니라 저개발의 확대 재생산에 불과하다는 논리로 몰아세웠다. 의존(Dependence)이 종속(Dependency)으로 변질됐을 뿐이라는 것.

하지만 이들은 1980~90년대 지본주의가 몰아온 풍요와 저개발국의 절대빈곤 극복 현상을 제대로 설명하지 못했다. 이매뉴얼 월러스틴은 세계체제론을 통해 종속이론의 중앙과 주변 사이 준주변 카테고리를 설정해 수렴 가능성을 제시했다. 준주변을 스테이션으로 중앙으로 진입할 수도 있고 다시 주변으로 추락할 수도 있다는 견해였다.

1990년대 들어 종속이론의 바람은 잦아들었다. 그렇다고 소멸했다고 단정하는 것은 오류다. 트리클다운 무용론이나 비판론의 이론적 준거는 전적으로 종속이론의 산물이다. 심지어 2011년 미국의 뉴욕 맨해튼에서 시작돼 전세계 금융자본가들을 으스스하게 만들었던 점령시위, 즉 Occupy Wall-street의 잔해는 여전히 지구촌을 떠돈다. "We are the 99%"라는 구호와 함께.

변방 근본주의

변방 콤플렉스.

무의식적 열등감은 허세와 권위주의로 치닫는다. 변화의 요구에는 거세게 저항하기 다반사. 과거 소통과 정보 공유가 쉽지 않던 시절, 중앙의 이념과 문화가 변방까지 파급되는 데는 오랜 시간이 걸렸다. 전파와 수용의 시차다.

변방인들이 스스로의 소외와 미개를 실감하며 중앙을 적극 받아들일 즈음, 지도부의 중앙은 달라진 세상흐름을 따라 다른 변화의 길을 간다. 변방은 뒤늦게 받아들인 중앙 이데올로기에 놀라

매달리기만 급급, 새로운 변화를 거부한다. 변방 근본주의는 그렇게 형성된다.

시인이자 소설가인 김형수는 자신의 저술 『김남주 평전』에 소설가 황석영이 술자리에서 '변방 근본주의'를 자주 거론했다고 썼다. 세상 넓은 줄 모르고 자기 동네에서 통용되는 척도만을 절대적 표준으로 신봉하는 고집불통을 말하는 것이라며. 고집불통은 상대하기 어렵고 무섭다. 로마의 멸망이 변방 통제력 상실에서 비롯됐다는 분석마저 있을 정도다.

디바이드(Divide, 격차)를 경계할 수밖에 없다. 지리 격차뿐 아니라 디지털 디바이드, 금융 디바이드, 기후 디바이드 등 모두 화근이나 재앙이 될 수 있다. 트리클다운 콤플렉스를 앓기 전에 재빨리 함정에서 벗어나야 한다. 근본주의로 치닫고 나면 백약이 무효다.

불균형성장론

알버트 허쉬만.

불균형성장론을 주장하면서 트리클다운이라는 시사용어를 처음 학문적으로 차용한 경제학자다. 경쟁력 있는 선도산업(Leading Industry)을 집중 육성해 전후방 연관산업에 낙수효과를 극대화하는 전략이 주효하다는 게 그의 지론. 대장 기러기와 졸병 기러기 비행 모델와 같은 논리다.

군나르 뮈르달은 트리클다운 대신 스프레드 효과(Spread Effect)란 용어를 들고 나왔다. 후진국과 개발도상국의 불균형성장의 불가피성을 인정하면서도 시장이 제대로 작동하지 않을 경우 양극화가 심해질 것을 우려했다. 역류효과(Backwash Effect)라는 신조어도 내놓았다. 자본과 고급인력이 선도산업이 있는 성장거점지역으로 몰리면서 국가나 지역간 격차가 심화한다는 것.

허쉬만은 역류효과와 분극화 후유증을 일시적 현상으로 간주, 내적 회복력과 효과적인 정책으로 낙수의 선순환을 만들어 갈 수 있다고 했다. 래그나 넉시 같은 균형성장론자들은 불균형성장의 과실은 나중에 결국은 다 토해야 할 허구의 성과라고 비판했다. 균형/불균형 성장정책 어느 것을 선택하느냐의 논란에 정답은 없지 싶다.

피봇(Pivot) 플레이를 구사해야 할 때다. 한 발로 균형성장에 중심을 잡고 서서 다른 발로 다양하게 전략적 불균형성장 정책을 펼치는 게 옳다.

피보팅

트리클다운 물줄기는 꼭짓점에서 떨어져 밑에서 넓게 번진다.

삼각, 입체적으로 표현하면 피라미드 구조다. 거쉬업은 바닥점에서 밀치고 올라가 위에서 퍼진다. 역삼각, 역피라미드 형상이다.

우리네 경제사회적 성장을 두고 전자인 트리클다운형이었다고 말하는데 아무도 토를 달지 않는다. 날것의 트리클다운이 아니라 패스트 팔로 역량을 덧쒸워 제법 모양을 내고 변형을 거듭했으니까.

순간순간, 스타트업에서 주로 말하는 피보팅(Pivoting)이기도 했다. 기존의 비전은 유지하면서 사업 아이템과 모델 등 전략을 수정, 사업 방향을 전환하는 것을 말한다. 즉흥적으로 방향을 틀거나 돌발 위기에 응급 대응하는 소전환이라고 해도 무방하다.

피봇은 본래 체육 용어로 몸의 중심축을 한쪽 발에서 다른 쪽 발로 이동시키는 것을 의미한다. 농구에서는 한 발을 축으로 방향을 돌며 패스를 하느냐, 돌파를 하느냐 여기서 곧장 몸의 균형을 잡아 슛을 시도하느냐를 결정하는 순간이기도 하다.

낙수효과의 장단점, 과실의 향방, 우리의 현주소 등을 놓고 논쟁하는 것은 무의미하다. 심지어 트리클다운의 실체를 부정하거나 트리클다운 경제체제 청산론까지 펼치는 건 논점을 빗나간 거다. 누가 그걸 몰라 여기서 주춤거리고 있겠나? 재빨리 피보팅 다음 동작으로 가야 한다.

돌아갈 수 없는 점

No return Point 혹은 Point of no Return.

과정에 오류가 있지만 지금 와서 어쩌지 못한다거나 근본적 해결책 대신 개량적 점진적 해법을 취할 수밖에 없음을 합리화할 때 들고 나오는 표현이다.

1970~80년대 압축적 성장전략이 구사될 즈음 등장했던 균형성장론 분배론 추적곡선이론 종속이론 사회구성체론 등을 만나면서 나는 처음으로 돌아가고 싶었다. 나라 발전 전략을 다시 짜서 외형이 아닌 내실을 구현하면 좋겠단 바람이었다.

트리클다운 낙수가 아닌 거시업 분출형 발전. 세계적 비교우위론에 입각한 완제품 생산체계가 아니라 부품소재장비 산업과 동반 성장하거나 국내 완결적 생산체제를 구축하는 내재적 발전을 기대했던 거다.

하지만 나라의 절대빈곤 탈출 염원은 너무 간절했다. 이를 위해 선택한 수출 드라이브 전략은 너무 빠른 속도도 글로벌 가치사슬에 편입돼 갔다. 효율성을 극대화한 트리클다운 압축성장의 파이는 금세 커졌다.

그런 시절을 지나 30년, 성장 잠재력과 지속 가능성을 고민했지만 성장의 당의정을 떨치긴 이미 늦었다. 우리는 어디까지 되돌아가야 하는가? 돌아갈 수 있기나 한 건가? 아니 어디가 돌아갈 수 있는 점인가, 아예 없는 점인가? 좀 더디더라도 언젠가는 돌아가야 갈등과 혼란이 없을 것이라는 막연한 주장만 흘러 다녔다.

발상을 바꿀 필요가 있어 보인다. 허리띠 졸라매고 돌아가자, 아니면 돌아가 허리띠 졸라매고 다시 출발해야 한다는 강박증 대신 현위치에서 모드를 전면적으로 바꾸는 거다. 되돌아가는 퇴행으로 얻을 건 없다. 리스타트는 결국엔 스타트업 거쉬업 역량에 의존하는 방식 아닌가? 창의성 넘치는 강소기업을 최일선에 내몰아 위로 솟구치는 수뿐.

낙수효과

다시 낙수효과 논란.

"부자들의 번영은 아래로 번지지만 바닥대중은 이를 기반으로 다른 계층까지 차고 오르기 쉽지 않다." 정치경제학에서 트리클다운은 늘상 이 명제와 씨름을 한다. 부자와 법인의 감세 갈등의 출발점도 엇비슷하다. 선거 때면 이 구도는 더욱 선명하게 드러나 충돌을 거듭한다.

주류 경제학설사를 보노라면 흐름은 대체로 트리클다운과 궤를 같이 한다. 자유방임의 출발점인 아담 스미스의 고전파경제학이든 알프레드 마셜의 신고전파경제학이든, 케인즈경제학은 물론 그것과 과거 경제이론을 종합한 폴 사뮤엘슨의 신고전파종합이든 이후 전개된 공급경제학과 신자유주의경제학 역시도 트리클다운에 기반하거나 적어도 부정하지 않는 트랙 위에 있다.

정치인들의 발언은 그냥 그러려니 흘려들으면 그만이다. 하지만 권위 있는 인물에 의해 터져 나오는 강한 반론에 멈춰서는 경우도 생긴다. 2001년 노벨경제학상을 수상했던 조지프 스티글리츠 미국 컬럼비아대 교수는 낙수효과를 '허상'이라고 단언했다. 세계적 불평등 확대와 위험성을 경고해온 학자의 시선이다.

국내 학계에서도 수시로 비슷한 논란이 벌어진다. 심지어 어떤 학자는 한국경제가 1960년대 이후 압축성장기에 낙수효과를 누렸지만 1997년 외환위기 이후엔 사라졌다고 한다. 트리클다운은 어떤 특정기간이나 사건과 연관돼 나타났다 소멸하는 게 아니다.

어디 그게 기다/아니다 혹은 All/Nothing식 논쟁으로 끌고 갈 일인가? 어떤 경우에도 트리클다운 없는 경제활동이나 정책은 없다. 그게 얼마나 크고 알찬지 여부는 별개로 치더라도.

문제는 낙수의 편안함에 젖으면 영구히 늪을 벗어나지 못한다는 점이다. 그래서 일차 퍼스트 무빙이 필요하고 종국에는 거쉬업 분출 에너지로 바닥을 차고 올라와야 한다. 수많은 장애물과 버거운 싸움을 하면서 말이다.

압축성장

250년 vs 50년

대략적인 기간 설정임을 전제하자. 미국과 유럽이 18세기 중반 산업혁명 이후 250년에 걸쳐 이룬 산업화를 우리는 1962년 제1차 경제개발 5개년 계획 시행 이후 50년 만에 이뤘다. 그래서 압축성장이다. 선진국이 250년의 발전과정에서 겪었던 정책 실패를 미리 학습, 함정과 늪을 피해 갈 수 있었기에 거친 길이라도 견딜 만했다.

이는 영국의 마르크스주의 경제학자 모리스 돕이 후진국 성장의 오류를 지적한 경로이론과도 일치한다. 저 멀리 주인의 차가 집으로 온다. 애견이 주인을 향해 뛴다. 차가 멈추는 곳은 늘 고정돼 있지만 애견은 그 지점으로 곧장 달리지 않고 순간순간 포착되는 주인의 차를 향해 달려 결국엔 목표지점에서 주인의 품에 안긴다.

애견의 걸음을 이으면 포물선, 순우리말로 에움길이다. 곧장 직선길을 향해 나아갈 수 있는데도 굽어 달리는, 그게 후진국 성장 경로라는 게 모리스 돕의 지적이다.

우리의 엘리트 경제정책가의 센스와 역량은 대단했다. 재빨리 '모리스 돕 경로'의 함정에서 빠져나와 직선 경로를 달렸다. 어디

트리클다운이 돈과 재화에만 적용되는 것이랴? 정책 학습에도 트리클다운은 있는 법. 다른 후발도상국이 한국의 모델을 스터디하기 시작한 것은 또 다른 의미의 트리클다운이었다.

그러다 어느 순간 우리는 압축성장의 과실을 하나씩 잃어버리기 시작했다. 1997년 IMF 외환위기를 어찌 잘 극복하나 싶었는데 2008년 국제금융 위기에 부닥친 이후 기진맥진한 모습이 역력했다.

선진국은 강한 회복력을 보이며 질주했고 후발도상국의 추격은 거셌다. 고성장에서 중성장기 없이 곧장 저성장 수렁으로 추락했다. 엄살인 줄 알았던 샌드위치 신세란 표현이 화석화할 기미를 보였다. 적어도 3~4%는 돼야 할 잠재성장률은 1~2%대로 급락, 이대로라면 3~5년내 압축성장의 성과를 다 반납해야 할지 모를 처지다.

성장의 과실은 실로 달콤했다. 오래 가거나 영원할 줄 알았다. 거쉬업 메이저 컨버전이 필요한 시점, 곳곳에서 분출한 것은 욕망이었다. 임금은 천정부지로 올라 선진국 턱밑에 가닿았다. 덩달아 아파트값은 폭등, 한때 전 국토 불패신화를 쌓으면서 임금 물가 아파트값 에스컬레이션 악순환 골은 깊이 파였다.

데스 밸리(Death Valley). 죽음의 계곡을 효과적으로 벗어나기는 커녕 10년 뒤 세계 GDP생산순위 20위권, 20년 뒤 30위권, 30년 뒤 50위 바깥으로 추락할 것이라는 예측마저 나돌고 있다. 펀더멘털(경제의 기초체력)이 약한 우리가 자력으로 늪을 탈출하는 건 지난한 일이다.

피크 코리아

피크시대.

뱅크오브아메리카메릴린치(BAML)가 2019년 펴낸 경제보고서에서 처음 사용했다. 2020년대는 세계 대부분의 나라가 10년 안에 정점을 찍고 우하향 추락한다는 것. 피크 코리아는 여기서 나왔다.

정작 우리는 피크 코리아일 리 없다 착각 중. 피크 재팬과 피크 차이나를 말하며 작금의 위기를 외면하기 급급하다. 쇼비니즘, 시쳇말로 이런 국뽕이 없다.

2023년 한국 성장률은 1.4%로 미국(2.5%), 일본(2.0%)보다 낮았다. 2022년 기준 명목GDP(국내총생산)가 한국 1조6733억 달러로 미국 25조4627억 달러, 일본 4조2256억 달러임을 감안하면 상황이 얼마나 심각한지 짐작 가능할 것.

특히 골드만삭스가 예측한 세계 경제력 순위에서 2022년 한국은 12위에 랭크됐으나 2050년 기존의 G7 외 인도네시아(4위) 브라질(8위) 멕시코(11위) 이집트(12위) 사우디아라비아(13위) 나이지리아(15위) 기세에 밀려 한국은 대열에서 탈락하는 것으로 나온다. 이어 2075년엔 중국 인도 미국 3강 체제에서 인도네시아 나이지리아 파키스탄 이집트 브라질이 각각 4~8위로 뛰어오르면서 필리핀까지 14위에 진입, 한국은 상위권에서 더욱 멀어질 전망이다.

피크 코리아, 실감하고도 남는다. 우리가 걱정하는 중국은 2050년 2075년 모두 1위에 랭크되며 일본의 경우 각각 6위 12위로 떨어지지만 우리처럼 심각한 추락은 면할 것으로 보인다. 여전히 한국이 설마 그럴 리 없고 골드만삭스 예측은 엉터리라고 치부할 텐가? 정신 차려, 이 친구야!

중진국 함정

Middle Income Trap의 우리식 용어다.

1인 국민소득 2만~3만 달러 중간소득에서 4만~5만 달러 선진국 고소득에 가닿지 못하고 발목 잡히거나 터널에 갇힌 현상을 일컫는다. 다른 후발개도국이 추격해 바로 턱밑이기 일쑤, 추월하기도 한다. 다들 중간 평준화하는 건데 이때 선진국은 다시 점프해 달아난다.

서열이 바뀔 리 없고 선후진국 격차는 커지게 마련이다. 빨리빨리 압축성장 후유증이다. 성장 잠재력을 쌓는 대신 닥치는 대로 소진하며 경제 볼륨 키우기에만 급급했기에 피할 수 없는 뒤끝이라고 봐야 한다. 극단적으로 아파트만 지어 올리기 급급한 나라가 무슨 선진국, 이런 냉소가 튀어나올 판이다.

아파트 경기만 살리면 수렁에서 벗어날 수 있다는 믿음. 궁지에 몰리면 아파트를 흔들어 깨우고 싶은 '토목의 유혹' 모르는 바 아니다. 거기가 바로 중진국 트랩이고 우리의 늪이고 피크 코리아의 위기다. 거쉬업 미래는 그 너머에 있다. 남들 가지 않은 길목을 돌아 부디 이 함정을 벗어나는 게 시급하다.

돌확

산사를 가면 자주 만나는 장면.

약수 돌확 바가지 미장센이다. 산에서 솟는 약수를 높이가 다른 3개 남짓의 돌확(돌그릇)으로 받아 고이게 한 다음 다시 바닥을 적시며 가까운 개울에 가닿는다.

작은 첫 돌확에 물이 고여 넘치면 그 아래 중간 크기의 돌확이 받고 그게 넘쳐 다시 아래 큰 돌확으로 내린다. 트리클다운 양상이다. 그렇게 약수는 돌확을 고루 다 채우고 다음 행로를 따라 사라진다.

옛날 신병훈련소나 병영의 식기 세척장도 그랬다. 상단의 수도꼭지 물은 세 단계 물탱크로 흘러내린다. 맨 아래 가장 큰 탱크에서 아직 찌꺼기가 많이 남은 식기를 비누칠 해 씻고 중간 탱크를 거쳐 맨 위 맑은 탱크에서 헹구면 끝이다. 아래 구정물통이나 위 맑은 물통이나 제각각 의미를 지닌다. 그게 트리클다운의 이치다.

산업경제학에서는 약수의 수원(원재료 반제품 등)에 가까운 쪽은 업스트림(Up-stream), 아래 개울이나 강(소비제품)에 가까운 쪽은 다운스트림(Down-stream)이라고 한다. 트리클다운 구도에서 업스트림이 튼튼한 선진 국가는 비교우위론(Theory of Comparative Advantage)의 국제분업에 근거, 다운스트림 국가에서 생산한 싸고 좋은 품질의 완제품을 직수입해 현지 소비자에 공급한다. 국가 경제체제에서 보면 다운스트림의 정점에 있는 재벌 대기업은 자국 내 수직계열화한 소재 부품 유통산업을 풀가동해 제품을 만들어 판다.

이런 업다운스트림 구도가 큰 틀의 글로벌 공급망이고 가치사
슬인데 비교우위에 기반한 수직계열화는 자칫 고착화하기 십상이
다. 미리 정해진 경로는 없다. 마지막 돌확에 머물던 물은 바닥에
떨어져 사라질 우려가 다분하다. 안타까운 순간, 그래서 바닥에서
솟구치는 거쉬업 기류를 또 말한다. 분출이 강하면 다른 국면의
전개도 얼마든지 가능하니까.

3장
여기가 거쉬업 원점

AI 챗GPT 시대 한국은 없다
-질문력 상상력 키우기 올인해야

나라가 구한말 같다!

자극적인 말 하나가 쑥 다가와 꽂혔다.

서울대 빅데이터연구원 차상균 원장 발언이다. 그는 언젠가 매체에 대고 "나라가 구한말 같다"고 했다. 구한말 공화정을 선포해도 이르지 않은 시점, 느닷없는 황제국 소동으로 온갖 겉치레 치장을 해대더니 끝내 망해버린 근대사의 아픔이 스친다.

차 원장의 탄식은 이어진다. 세계 유능한 AI 연구자들을 지금 대학 연봉구조나 겸직금지로는 데려올 수 없고 심지어 컴퓨터공학과 정원이 십수년째 묶여 옴짝달싹 못하고 있는 사실을 빗댄다. 공과대 800명을 정원 유지하면서 컴퓨터공학과 정원을 시대상황에 걸맞게 유연하게 조정하자 해도 교육부는 거부다. 수도권규제(수도권정비계획법) 탓이란다. 교수들도 반대다. 학과 정원이 바로 교수 숫자니 어쩌지 못한다는 것.

아, 구한말 맞구나 싶다. 그러고도 난무하는 4차 산업혁명 구호들, 아 나라가 구한말처럼 망하는 거 아닐까? 아니 이미 위험한 트랙에 들어선 건 아닐지 모를 일이다.

질문 부재, 항의만 한가득

"질문, 질문 없어?" 조용하다.

"꼭 질문이 아니더라도 말을 하고 싶은 학생은?" 다시 침묵은 길다. 제법 핫하게 달아올랐던 수업과 강의는 썰렁하게 끝난다. 중고등학교 수업과 대학 강단에 학생의 질문은 실종상태다.

문제는 뒤끝이다. 질문 대신 항의가 이어진다. 교실이나 강의장 분위기가 어떠니, 시험점수가 나만 왜 이 모양이냐 등등. 본질에는 무관심하면서 곁가지와 평가결과에만 민감하게 반응하는 것인데 이 양상은 우리네 곳곳에 그대로 침투해 있다.

주제가 있는 학술 컨퍼런스 포럼 세미나 같은 데서도 예외는 아니다. 키노트 발표자에 이어 서너 명 패널이 단상에 오른다. 주제 발표자는 당연히 그렇다고쳐도 패널까지 자신이 미리 준비해온 코멘트를 짧은 키노트처럼 늘어놓는다. 마치 "당신만 전문가냐? 나도 많이 알거든"하는 식이다.

누구도 방금 전 발표내용을 놓고 질문을 하거나 자신의 견해를 말하지 않는다. 주제발표에 이은 패널의 반대토론은 늘 이런 양상이다. 패널 토론회는 그렇게 겉돌고 플로어에 질문 기회가 돌아갈 즈음 시간 부족으로 서둘러 문을 닫는다. 루틴이다.

사전에 조율되지 않은 기자회견도 마찬가지다. 기자들은 인터뷰이의 말을 귀담아 듣지 않고 자신이 준비해온 질문지만 바라보며 손을 들기 일쑤. 같은 질문은 예외 없이 반복된다. 사전 정보로 준비한 질문이 비슷할 수밖에 없으니 같은 말을 이리저리 돌려 꿰맞춘다.

인터뷰이가 얼굴을 찡그려도 다음 질문 또한 달라지지 않는다. 심지어 민감한 현안에 '노코멘트' 혹은 'NCND(시인도 부인도 하지 않음)'라고 답했는데도 아랑곳없다. 인터뷰이의 답변에서 꼬투리를 잡아 깊이를 더하고자 하는 기자는 없다.

충격적 질문 흑역사 하나

세계에 대고 국가 망신을 부른 '질문 사건'이 하나 있다.

지난 2010년 11월 12일 G20 서울정상회의 폐막식장. 오바마 당시 미국 대통령은 폐막연설을 한 직후 기자들의 질문을 받았다. 그러다 불쑥 "한국 기자들에게 질문 기회를 주고 싶다"며 정면을 두리번거렸다. 한참이나 정적이 흘렀지만 손을 든 한국 기자는 아무도 없었다. 오바마는 영어 소통력 때문임을 직감하며 "통역도 해 주겠다"며 좌중들의 웃음까지 이끌어냈다.

다시 침묵. 누군가 손을 들어 질문하겠다고 나섰다. 그는 제법 유창한 영어로 "실망시켜 드려서 죄송하지만 저는 중국기자"라며 "제가 아시아를 대표해서 질문을 던져도 될까요?"라고 물었다. 중국 CCTV 기자 루이청강이었다.

오바마는 "나는 한국 기자에게 질문을 요청했다"며 재차 한국 기자를 찾았다. 이에 중국 기자는 "한국 기자들에게 제가 대신 질문해도 되는지 물어보면 어떻겠느냐"면서 말을 이어가 결국 한국 기자는 기회를 잃었다.

잘 모르는 외국인들은 한국기자가 똑똑하고 많이 아는 데도 샤이(Shy)한 국민성 때문에 나서지 못했다고 여겼을 거다. 하지만 대다수는 한국인의 질문력 부족을 익히 잘 알고 있기에 조금도 이상하게 생각하지 않았다.

오바마가 사전에 이를 한국 기자단에 미리 알리고 질문을 유도했다면 서로 손을 들며 나섰을 게 뻔하다. 하지만 즉흥적 기회에 모두 입을 닫았다. 준비한 게 없는 건 그렇다 치고 방금 현장에서 진행된 문답에도 집중하지 않은 탓이었다.

인구제로 국가 소멸

국가적 담론으로 떠오른 인구제로 국가 소멸.

영국 옥스퍼드대 인구학자 데이비드 콜먼이 2006년 터키인구포럼에서 던진 쇼킹한 키워드였다. 여기서도 우리의 인사이트 부재는 선명하다. 당시 우리도 출산율 저하와 인구감소, 대학의 위기, 지방 소멸 등 우려의 목소리를 자주 내던 터였다. 하지만 인구절벽의 언저리를 맴돌았을 뿐, 아무도 나라 인구제로의 극단적 위기를 말하진 않았다.

콜먼은 달랐다. 2305년 대한민국이 세계에서 가장 먼저 인구 데 드라인에 도달한다고 경고하며 나섰다. 그의 표현으론 "나라가 텅 빈다"였는데 온 나라가 들끓었다. 우리 인구학자 중 누군가 비슷 한 개념을 논하고 주장했을 수도 있다. 하지만 이슈 파이팅에 실 패했다면 그건 전적으로 당사자의 실패고 불찰이다.

직후 우리 인구학자와 국책 및 민간연구소는 제각각 인구제로 시 점을 계산해내기 바빴다. 국회까지 뛰어들었다. 그들이 잇따라 내 놓은 인구제로 지점은 대략 2350년에서 2700년까지 다양했다. 이 런 연구 분야에서도 우린 퍼스트 무버(First Mover)는 되진 못했고 다시 패스트 팔로어(Fast Follower) 정도 역량을 보이는데 그쳤다.

그걸 누가 못하리. 반복되는 뒷북 식상하니 요즘은 데드라인을 자꾸 앞당기는데 몰두하는 양상이다. 강하게 위기신호를 보내 주 목을 받으려는 속셈, 충격요법이다. 지금도 누군가는 온갖 현란한 인구감소 인구제로 이슈를 선정적으로 포장해 언론을 노크한다. 어느 경우든 데이비드 콜먼의 그림자는 지워지지 않는다.

학문분야 거쉬업 동력도 이처럼 미약하다. 학자들은 선진국 신 학문 수출항구를 현지 방문하거나 국내 수입항구 선착장을 오가 며 산뜻한 키워드를 선점하기 바쁘다. 일단 붙잡았다 하면 깊은 연구도 없이 자신의 알량한 지식을 붙여 강단에서 내다팔았다. 선 진 지식을 자신의 이름으로 중개하는 방식으로 스타교수의 반열 에 오르는 경우도 없지 않았다.

억압교육, 거부하는 실험학교

역시 교육이고 교육 문제다.

책과 교재는 아직도 구문이다. 우리의 교육 시스템은 민주화는 커녕 군사독재 시절의 억압교육에 머물러 있다. 전세계 어느 나라도 암기중심의 주입식 학습으로 일관하면서 서열화한 대학입학을 위해 긴 줄을 서지 않는다.

미래 인재양성의 핵심은 비판력과 자기주도 의사결정 그리고 문제해결 능력 배양이다. 현장감이 살아있는 프로젝트 기반 수업을 통해 협업하고 창조하는 게 절실하다. 다양한 실험과 도전은 실체를 모를 벽과 천장에 부닥쳐 힘을 잃는다.

프랑스 에꼴42(Ecole42)란 학교를 보자. 2013년 설립한 신생 IT 전문 3년제 대학이다. 고등학교 졸업장 필요 없이 누구나 응시할 수 있다. 수영장시험이란 닉네임처럼 입시는 수험생을 풀장 같은 곳에 몰아넣고 무려 한 달이나 지속된다.

입시생은 학교에서 숙식을 해결하며 코딩 중심 시험을 치른다. 다른 수험생과 협업까지도 허용하는 입시라니, 우리의 상상을 넘어선다. 코딩은 과학이 아니라 예술이란 에꼴42의 교육철학에 걸맞은 인재를 찾는 그들만의 방식이다.

이런 실험학교들이 속속 생겨난다. 전세계 주요도시를 파고드는 스티브잡스스쿨 또한 예외는 아니다. 이들 학교는 제도권을 이탈해 획일성을 거부하며 미래의 가치에만 몰입한다. 교사와 교수는 학생들을 가르치려 들지 않는다. 정해진 교재와 진도계획이 없는 것은 물론이다. 오직 학생들끼리 세미나 방식으로 공부의 길을 열어간다. 학교와 교사는 역할은 세미나 프로젝트를 제시하는 수준이다.

티칭 아니라 코칭

가르치려 들지 마라!

세계적 교육 추세다. 지식은 인터넷과 유튜브에 다 들어 있다. 검색과 하이퍼링크 하이퍼텍스트 기능만 잘 이행하면 배움은 부족함이 없을 정도다. 티칭(Teaching) 무용론은 이렇게 전개된다. 그렇게 학생 스스로 자기주도 학습을 이어가도록 유도하면 되고 대신 필요한 건 코칭(Coaching)이다.

코칭? 네이버 용어사전에 따르면 코칭은 "발전하고자 하는 의지가 있는 개인이나 그룹이 가진 잠재능력을 최대한 개발하여 자기 주도적 인재로 성장시키는 지도력. 발전 프로세스에 따른 목표 설정과 전략적인 행동을 통해 결과를 성취하도록 유도하는 기술 혹은 협력적 관계 형성"이다. 다른 설명으로는 "인생 경력 비즈니스와 관련, 조직에서 뛰어난 결과를 달성할 수 있도록 도와주는 지속적이며 전문적인 관계"라고 적혀 있다.

코칭이 티칭의 하위개념 정도일거라 여기는 통념을 깨는 설명이다. 티칭은 교본대로 전달하면 끝이다. 특히나 질문이 없는 수업과 강의에서 교본을 벗어나는 일은 거의 없을 터. 반면 코칭은 어디로 흐르거나 튈지 모르는 목표 설정과 전략적 행동을 따라가며 조언하고 지도력을 발휘해야 한다. 다양하면서 깊이 있는 경험과 지식 없이는 대응 불가능한 일이다.

왜 메이저 컨버전(대전환)이어야 하는지 실감이 난다. 학교 교사와 대학과 교수를 포함, 전 사회적 각성이 필요하다는 생각이 먼저다. 학교와 대학은 지식 전수의 전당이 아니라 비록 제한적일지라도 현실과 대면하는 기회의 장이어야 한다. 교사와 교수는 지식전도사를 포기하면서 학생들이 전진하는 길의 코치를 자인하는 게 맞다. 핵심은 학생들이 실패의 두려움을 떨치며 도전을 지속하도록 용기를 북돋아 주는 것.

플립 러닝

Flipped Learning, '역진행 수업 방식'이 정식 풀이다.

'거꾸로 수업' 혹은 '거꾸로 교실'이라는 용어로 더 유명하다. 역진행, 전통적인 수업 방식의 틀을 깬다고 해서 '거꾸로'를 붙였다.

온라인 영상 강의를 통해 선행학습을 한 이후 오프라인에서 교사 혹은 교수와 학생이 토론 수업을 진행하는 방식이다. 전세계적으로 상당히 많이 도입돼 플립러닝네트워크위원회(FLN's Board)란 국제조직까지 있다.

거꾸로 수업은 미국의 교육전문가 존 버그만이 창시해 캘리포니아를 중심으로 하버드 MIT 등에서 바람이 일었다. 우리나라의 경우도 상당수 마니아 교사 교수들이 이 대열에 가세해 있다. 2015년 존 버그만이 한국을 다녀가면서 저변은 더 확대됐다.

핵심은 학교와 교사 중심의 교육을 학습자 학생 중심의 교육으로 바꾸는 것. '거꾸로'라는 단어가 붙은 것은 종래 수업은 학교에서, 숙제는 집에서 하던 것을 바꿔 수업은 집에서, 숙제는 학교에서 하는 양상으로 돌려놓았기 때문이다. 미리 집에서 강의를 듣고 학교에 와서는 친구 및 교사와 토론하는데 교사는 코칭의 역할을 맡는다.

학업성적이 부진한 학생에게 플립 러닝은 기회다. 교사보다는 공부를 잘하는 친구를 통해 배우는 게 심리적 기술적으로 성적 향상과 직결된다는 실증자료도 속속 등장하고 있다.

문제는 상위 클래스 학생과 학부모의 반발이다. 정작 제대로 된 수업이나 심화수업을 못하고 자신의 시간을 친구에 내줘야 한다는 것. 무시해도 될 단견이다. 진짜 공부를 잘하는 학생들은 친구의 질문에 답하거나 문제풀이 방식을 일러주면서 자신의 지식을 더 단단하게 함을 왜 모르는가? 가르치면서 스스로 새로운 질문거리를 생산할 수 있어 일석이조란 사실도 연구 결과에 다 나와 있다.

초중고등학교에서 실험적으로 시작된 플립 러닝은 대학으로 옮겨 붙었다. 미국 캘리포니아 소재 일부 대학의 경우 하버드대학이나 매사추세츠공과대학(MIT) 교수 강의 영상으로 수업을 대체하고 담당 교수는 보조적인 역할만 하는 형태로 진화하는 중이다.

플립 러닝은 교육계에 기회이자 위협이다. 세상의 교사와 교수님들은 절대 쫄지 마시라. 강의? 직접 감당하는 게 기본이고 베스트인데 달린다 싶으면 일타교사와 일타교수의 영상강의나 유튜브에 맡겨라. 대신 모두와 토론하고 코칭하며 역동성 넘치는 교실과 강의장을 만드시라. 학생들의 미래를 열어가는 일에 당신의 경험과 조언은 너무나 소중하다.

블렌디드 러닝

Blended Learning, 혼합형 학습.

플립 러닝은 엄밀하게 말하면 블렌디드 러닝이다. 온라인과 오프라인 하이브리드 교육 혹은 면대면(Face-to-Face) 교실 학습과 컴퓨터를 매체로 하는 e-러닝을 결합한 학습 방법을 떠올리면 이해는 쉽다.

기술매개지도(Technology-mediated Instruction), 혼합모드지도(Mixed-mode Instruction)라고도 한다. 필요하다면 다른 다양한 학습 방법까지 섞어 글자 그대로 다양하게 블렌디드한 교육법을 만들어낼 수도 있다.

블렌디드는 1960년대 컴퓨터가 등장하면서 거론되기 시작해 2000년 후반부터 미국 등 선진국 교육학자들에 의해 본격 논의됐다. 온/오프를 어느 교육에 어떻게 적절하게 배치하는지, 비율을 어떻게 하는지 등은 교육 주체마다 다르게 결정할 수밖에 없다.

다만 블렌디드 러닝에 필요한 최적의 학습 시스템 구축과 학습 효과를 극대화해야 하는 과제가 눈앞에 떨어졌다. 학교도 가정도 달라져야 한다. 교육환경을 블렌디드에 맞춰 세팅할 필요가 있다는 의미다.

블렌디드 러닝은 플립 러닝과 마찬가지로 수동적 학습자를 능동적 학습자로 변모시킨다. 온라인 비대면 수업에서 집중 강의가 이뤄진 후 대면 수업에선 역동성을 기할 수 있어 일석이조다. 학업 성취도가 높은 학생이 낮은 학생을 도우면서 소통 강화는 물론 공동체 의식까지 높일 수 있다. 하지만 학생도 교사도 공부해야

61

할 부담은 커진다.

온라인 강의를 빼먹고 학교에 오면 모든 게 무용지물 아니냐고? 그렇다. 어떤 경우에도 훼방꾼이나 낙오자는 있게 마련이다. 전면적으로 시행을 해 교육 생태계를 바꾸고 나면 그런 문제점을 풀어갈 실마리도 보일 것이다. 안이하고 쉽게 얻어지는 거쉬업은 없다. 이제 우리 교육은 돌아가지 못할 점을 지났다. 다시는 뒤돌아보지 말기.

하부르타 수업

유대인의 학습법 하부르타.

두 명, 혹은 그 이상이 짝을 지어 대화와 논쟁을 통해 개념을 깨닫고 공부의 깊이를 더하는 학습법이다. 상대방과 대화하며 가르치듯이 공부하는 것도 포함된다. 하부르타가 친구를 뜻하는 히브리어 단어 히메르에서 온 말임을 되새기면 이해가 쉽다. 친구와 함께 하는 공부, 정겹기까지 하다.

하부르타 수업은 상대방을 이기기 위한 토론과 논쟁의 장이 아니다. 정해 놓은 답이 없는 대신 상대방과 내 생각의 차이를 파악하고 다시 나의 생각을 정리하는 거다. 거기서 경청 토론 배려 소통 차이인정 질문력 등 학습의 미덕을 거의 다 챙기는 효과를 누린다.

교육전문가들이 실효성을 인정하는 수업방식이다. 소수가 모여 시작한 토론공부는 차츰 구성원을 보태 나중에는 그룹수업에까지 적용된다. 거꾸로 교실의 출발점도 하부르타 수업이다. 자기주도 거쉬업 학습의 길이 그리 멀지 않다.

잠자던 교실 깨어나다

다시 거꾸로 교실.

일선학교에선 이미 익숙한 용어다. 상당수 학교가 이미 거꾸로 수업을 실험 도입해 전면적 도입의 장단점을 다 스터디했다. 교사들은 관련 그룹 스터디를 통해 액션 플랜까지 강구 중이다. 다른 건 차지하고 거꾸로 교실은 수업의 무기력증을 해소하는 가장 강력하고 효율적인 수단이 될 거라는 점에 합의를 했다고 봐야 한다.

하지만 교육계 전반의 플립 러닝 생태계는 부실하다. 학교 및 대학 상층부와 정책당국의 일부 인사는 거꾸로 교실를 과소평가하거나 폄훼하기도 한다. 긍정하는 인사들도 전면적 도입과 결행엔 소극적이다.

학부모와 학생의 반발 또한 간단치 않고 교사들도 부정적 의견을 낸다. 거꾸로 교실이 초래할 교육권력의 해체, 또 교사와 학생에 주어질 부담이 어떤 모습으로 전개될지 우려하는 거다.

우리는 미래를 기약하는 핵심역량으로 4Cs를 말한다. Communication(소통) Collaboration(협업) Creativity(창의) Critical thinking(비판적 사고)다. 이는 기존의 일방적 지식전달, 주입식 수업방식으론 근접할 수 없는 목표다.

플립 러닝 가담교사들은 하나 같이 입을 모은다. 4Cs를 지향하는 교육으로 거꾸로 교실을 대체할 수단을 현재로서는 찾지 못하고 있다고. 적어도 추락 일변도의 교실에 생기가 돌고 질문 양상은 확연히 달라졌노라고.

왜 망설이는가? 교육부는 거대한 예산 배정을 고민할 필요가 없다. 학교에선 플립 러닝 동영상 제작에 필요한 스튜디오와 엔지니어를 학교에 투입하기만 하면 된다. 판을 바꿔라. 주저하면 분출은 물 건너간다. 언제 저항 없는 변화와 혁신이 있었더냐?

MOOC & Open Loop

대학 변혁의 핵심은 Open Loop다.

콘텐츠 토대는 MOOC(Massive Open Online Course), 온라인 공개 수업이란 이름으로 이미 많이 알려졌다. 코로나는 10년도 더 걸려야 할 숙제를 1~2년 만에 앞당겨 완성했다. 비대면 강의가 어떻게 가능하며 장단점은 무엇인지 순식간에 다 파악할 수 있었으니까. 심지어 유명 일타교수의 등장까지 예고하고 있어 더 흥미롭다.

오픈 루프는 제어장치에서 출력이 입력변수에 의해 결정되는 열린회로란 의미다. 대학에 접목하자면 지금 같은 학부 4년, 석사 2년, 박사 2~3년 같은 정형화한 틀을 깨고 필요할 때마다 수시로 등록해 공부하며 과제를 하고 마지막에 논문을 제출해 학위를 완성하는 방식이다.

기업도 열린 방식에 부응할 필요가 있다. 취업에 군이 대졸을 명시하지 않고 창의력 있는 사람을 선발해 오픈 루프를 통해 학습을 지속하게 하는 걸로 대체해야 한다. 당사자는 공부의 목표와 방향성이 달라지면 거기 맞춰 전공을 바꾸고 강의도 유연하게 선택해 가며 자기주도형으로 대학공부를 해간다. 대학의 서열화 대신 특정 전공의 대학별 서열화를 통해 정예학생과 스타교수의 탄생을 예감하는 것은 덤이다.

4차 산업혁명기를 넘어 일류국가로 들어서는 입구도 바로 이 지점일 거다. 재빨리 움직이면 대학도 나라도 일류 반열에 오른다. 뒷다리 잡는 자 꼭 있겠지. 도도한 물줄기를 막아서진 못한다.

42서울, 한국판 에콜42

역시 빠르다.

2019년 12월 2년제 비학위 과정으로 한국형 에콜42 '이노베이션 아카데미', 약칭 '42서울'이 문을 열었다.

4차 산업혁명 흐름에 대응할 수 있는 창의 혁신적인 소프트웨어 인재를 확보한다는 목적으로 한 교수 교재 학비가 없는 3무의 혁신적 교육기관이다. 에콜42를 벤치마킹하면서 한국 특수성을 가미한 형태로 교육은 진행된다. 정원은 500명, 자기주도적 학습이 핵심 교육철학이다.

온라인시험과 면접을 통해 선발된 1차 통과자는 1월부터 4주간 집중교육과정에 참가한다. 높은 점수를 획득한 500명이 최종선발돼 2년 과정의 본교육에 들어가는 게 다음 수순이다. 학비는 없으며 공부하는 동안의 최소 생활비 1인당 월 100만원의 교육지원비를 최대 2년간 지원한다.

'학위인정 없음'이란 단서가 마음에 걸린다. 학위 인정을 하자, 해야 한다는 게 아니라 이런 파격적인 학교를 만들면서 학위 인정 여부를 언급하는 게 안 어울린다 싶어서다. 이런 얘기는 하지 말자. 42서울 출신들의 창의적 역량과 실력이 얼마나 출중한지를 변수로 삼아야지 학위를 먼저 논하는 건 퇴행적이다.

42서울은 소프트웨어 인재 양성에 머물 일이 아니다. AI 로봇 챗봇 빅데이터 메타버스 드론택시 등 구체화한 미래기술 분야에 이런 유형의 교육기관을 확대해 가야 한다. 42서울을 잘 운영해 궤도에 올리기만 하면 에콜42를 벤치마킹할 것 없이 42서울 체제를 그대로 도입하는 것으로 족하다.

다른 얘기지만 2023년 8월 한국판 미네르바대학교로 불리는 태재대학교가 신입생 32명으로 공식 출범했다. 미국 미네르바대처럼 제대로 된 캠퍼스 없이 전 세계 주요도시를 돌며 온라인과 대면, 블렌디드 러닝하는 특화 교육기관이다. 무엇보다 창의적이고 실험적인 대학을 인가한 교육부의 발상 전환이 놀랍다.

고작 시작이다. 통째 바꿔라. 교육에서 메이저 컨버전의 의미를 먼저 살리고 행동해야 한다. 거쉬업이 희망이고 미래다.

주가드

Jugaad.

인도 IT산업의 미래를 상징하는 단어다. 2035년 '아시아의 실리콘밸리'가 되겠다는 당찬 포부도 여기에 기반한다. 한해 8만 ~15만 명에 달하는 미국 전문직 비자 H1B 취득자 50~70%가 인도 코딩 프로그램 엔지니어 등 IT 전문가다. 대개 한 회사에 오래 근무하기에 중간관리자 층위도 탄탄하다.

주요 IT업체 전현직 CEO 명단에서 드러나듯 인도인 활약은 발군이다. 구글 순다르 피차이, 마이크로소프트 사티아 나델라, 어도비 샨타누 나라옌, 하만인터내셔널 디네시 팔리왈, 글로벌파운드리 산제이 자 등이 대표 인물. 영국 수상 리시 수낵까지 적고나면 글로벌 인도 파워는 짐작을 하고도 남는다.

개중 가장 핫한 CEO는 마이크로소프트(MS) 사티아 나델라다. 그는 1988년 미국으로 건너와 위스콘신대 컴퓨터사이언스 석사, 시카고대 MBA를 취득했다. 1992년 MS에 입사했으며 2014년 CEO에 올랐다. 구글 애플에 밀려 '늙은 호랑이' 취급을 받던 MS를 맡아 제2 전성기를 구가 중이다. 많은 테크기업 CEO 중 단연 으뜸인물 GOAT(Greatest of All Time)로 꼽힌다.

주가드의 핵심은 수학력과 영어력이다. 인도는 역사적으로 수학의 본산이라고 할 만큼 저변이 넓고 강하다. 그들이 IT분야에 탁월한 안목을 가진 것도 이 때문. 인도 특유의 서번트 리더십(Servant Leadership)과 안주를 거부하는 변혁적 리더십(Transformational Leadership)을 IT 분야에 융합 접목한 특유의 주가드 매니지먼트를 구사하면서 퍼스트 무버의 길을 간다.

인도인의 영어력은 자타가 인정하는 그대로다. 특유의 액센트에도 불구, 영어 소통력이 뛰어나 언어장벽이 거의 없다. 영어를 공용어로 사용하면서 학업을 대개 영어로 한 덕택이다. 중국 유학

파는 영어력 한계로 졸업 후 본국으로 돌아가 창업에 임하는 경우가 많지만 인도 유학생은 대개 미국에 남는다.

주가드의 인도 미래는 탄탄하다. 브릭스와 친디아 일원으로 떠오르기 시작한 나라는 곧 중국과 대등한 위상까지 치달을 것. 2030년대 미국 중국 G2가 아니라 인도를 포함한 'G3 체제'를 예견하는 것도 무리가 아니다. 우리는 G7을 위해 어떤 상징적 IT 펀더멘털을 강구해 구축해 가고 있는지 궁금하고 걱정이다.

노키아는 뉴키아다

잊힌 명품 브랜드 노키아.

핀란드 간판기업으로 피처폰의 전설이었다 스마트폰 혁신 실패로 2000년대 들어 추락하기 시작, 끝내 2014년 마이크로소프트에 넘어갔다. 노키아 의존도가 높은 핀란드 경제도 덩달아 휘청해 지난 2009년 성장률은 마이너스 8.7%로 곤두박질쳤다. 노키아는 그렇게 망해 사라진 줄로만 알았다.

저편에서 노키아가 닉네임 '뉴키아'로 되살아났다. 2010년대 들어 핀란드 정부는 AI와 바이오 등 신산업에 스타트업 DNA를 주입하고자 했는데 노키아가 '브리지 인큐베이터 프로그램'으로 무려 2370개 스타트업을 탄생시킨 것. 이에 정부는 규제완화로 응답하며 선순환 혁신성장의 길을 열어갔다.

노키아는 이를 기반으로 통신장비업체로의 변신 액셀레이트를 밟아 에릭슨 화웨이 삼성전자 등과 어깨를 겨루는 수준까지 성장했다. 기반은 인큐베이팅에서 이어진 스타트업 열정과 기술력이었다. 여기서 규제완화의 힘을 실감한 핀란드는 정부 기업을 포함한 사회 전반의 자율시스템을 확대 구축해 갔다.

발상을 바꾼 결과였다. 노키아의 위기를 바라보던 알토대학 기업가정신 커뮤니티인 알토스가 2010년 10월 13일을 '실패의 날(Day for Failure)'로 지정, '실패 축제'를 열었다. 실패를 용인하는 문화를 퍼뜨리기 위해서였다. 2011년엔 요르마 올릴라 노키아 명예회장 등 핀란드 기업가 30여 명을 초청해 화제를 불렀다.

예산지원과 규제가 있는 곳에 실패는 없다. 실패하지 않을 만큼만 도전하는 요령이 난무한다. 최악의 경우 실패한 것도 적당히 돌려 성공 레벨에 올린다. 규제는 공무원 등 누군가의 끗발이지만 규제완화는 세상의 힘이 된다.

요즈마

한국에서 한때 반짝, 이스라엘 요즈마(Yozma)다.

2010년대 초반 여기저기서 돌출하더니 요즘 조용한 요즈마벤처캐피털. 별칭 창업국가 이스라엘의 벤처와 스타트업을 말할 핵심 기반이다. 척박한 농업환경을 기술로 극복한 이후 군사기술을 비롯한 산업 전반을 과학경제체제로 만들겠다는 일념으로 1991년 국영 요즈마를 설립, 하이테크산업 투자를 본격화했다.

산하에 제미니(Gemini) 피탕고(Pitango) 예루살렘벤처파트너(JVP) 등 10개의 펀드를 조성, 해외투자를 유치했는데 미국의 참여가 결정적 역할을 했다. 1985년 미국과 이스라엘이 공동 조성한 1억1천만 달러 규모 '버드(BIRD) 프로그램'이 모태가 됐다. 비슷한 시기 실리콘밸리에 민간 베이스의 이스라엘협동네트워크(Israel Collaboration Network, ICON)를 구축해 함께 기술기업 발굴 지원에 나섰다.

요즈마를 백업했던 대학과 연구소의 스타트업 별동대를 빼놓을 수 없다. 바이츠만연구소의 '예다', 테크니온공대의 'T-3', 히브리대학의 '이슘', 텔아비브대학의 '라못' 등이 대표적이다. 이들 조직은 보상을 바라지 않고 헌신한다는 뜻의 헤세드정신을 기반으로 한다. 여기에 유대인 공동체 최고가치인 돌봄 나눔 구제의 체다카정신을 접목해 전방위 스타트업 구축의 초석을 깔았다.

1991년 옛 소련의 붕괴는 뜻밖의 요즈마 엔진으로 작동했다. 러시아와 다른 연방국가 거주 유대인 100만 명이 이스라엘로 이주했는데 여기에 옛 소련 번영에 기여하던 수만 명의 유대인 과학자 엔지니어 의사 등 전문 인력이 들어 있었던 것. 이들은 모국의 벤처 스타트업 프로그램에 자연스럽게 흡수돼 시너지 역할을 다했다.

왜 요즈마는 우리에게 잠시 인사이트를 주고는 유행처럼 사라졌을까? 냄비근성 얘기가 나올까 겁난다. 거쉬업의 길은 버겁고 힘들 거다. 그럴 때면 요즈마 페이지를 펼쳐라. 기본자료는 인터넷과 유튜브에 넘치고 페이퍼로 된 더 깊은 전문자료도 상당하다. 주저하지 마라, 요즈마다.

사교육 망국론 뜯어읽기

공교육이 무너지고 나라까지 망할 판.

사교육을 걱정하고 비판하는 수위는 점점 높아진다. 급기야 '때려잡자' 운운 거의 저주 수준이다. 역대 정권마다 과외와 전쟁을 선포하면서 다양한 방식으로 압박했지만 실효를 거두지는 못했다. 일부에선 공부하자는 걸 막는 건 불합리하다 반기를 든다.

한 달 학원비 30만원부터 250만원까지, 입시 컨설팅비 50만원부터 3,000만원까지 천차만별이다. 국가 초중고교 전체 사교육비는 2022년 기준 26조원에 달한다. 이 후유증으로 일반 소비가 위축돼 다른 생산활동을 저해한다는 것. 게다가 학원가에서 터져 나오는 여러 입시비리까지 떠올리면 상황은 심각하다.

사교육은 자본의 논리를 최적화한 우리 교육의 최정점에 있다. 금수저 흙수저 과외의 클래스가 다름은 물론 천차만별의 입시 컨설팅까지 번창했다. 대학입시는 학습력보다는 이같은 외적 변수에 의해 결정되기 일쑤였다. 금수저를 세습하기 위한 일차 수단은 고도의 사교육을 통한 유명대학 입학으로 정형화했다.

하지만 과외 망국론의 논리는 취약하다. 사교육 아닌 다른 쪽 소비위축을 말하는데 그게 어느 쪽인가? 요컨대 그것은 유명 브랜드 옷 가방이나 비싼 외식 혹은 유흥 쪽을 말하는 듯하다. 그것만 소비고 사교육 쪽 지출을 소비라 부르지 않는 발상은 어디서 나왔는지 모르겠다.

사교육비를 마련하기 위해 아빠는 1차 식사 겸 술자리를 한 다음 2차를 마다하며 집으로 향한다. 엄마는 백화점에서 명품백을 들었다 놓고 돌아선다. 그 심정을 한번 헤아려 보라. 참으로 위대한 엄마 아빠들이다.

그들은 이렇게 돈을 아껴 자녀 학원비를 댄다. 이렇게 술 회식 등 유흥과 고가 사치성 소비는 사교육에 필요한 교재 부교재는 물론 학원 운영에 필요한 각종 비품 등으로 돌아간다. 특히나 학원은 마땅한 직업을 구하지 못한 대학 대학원 졸업자의 취업장이나 스타트업으로 훌륭한 역할을 해내고 있다.

사교육 때문에 소비가 위축된다는 말은 전적으로 단견이고 오류다. 나라 경제의 건전한 선순환 중심에 자리한 학원 등 과외기관 간판 안 보이나? 수험산업 교육산업 관련 중소공장이 돌고 고학력 남녀가 학원 교육산업에 강사로 뛰는 현장. 사교육 소비순환은 다른 쪽보다 건전하고 품위 있는 일자리까지 제공하니 선순환이란 표현이 억지는 아닐 거다.

특히나 예체능 학원교육에서는 나라의 위상을 드높이는 스타를 잇달아 배출 중이다. 골프의 박세리가 그랬고 피아니스트 임윤찬 또한 마찬가지다. 수많은 세계적 스타들이 학원을 통해 발굴된 인재라는 사실을 부정할 수 없다.

어디 그뿐인가? 한동안 텅 비어 있던 도시 대형 상가빌딩은 학원의 힘으로 버틴다. 공간의 절반 이상이 영어 수학 국어 논술 학원에 이어 피아노 미술 축구 수영 줄넘기 등 교습소로 채워지고 있는 걸 목격하고 있을 것. 오래된 상가, 신도시에. 넘쳐나는 상가 공히 마찬가지다. 사교육 수요가 아니었다면 우리의 상권은 오래 전 붕괴해 빌딩주에서 금융권까지 심각한 타격으로 이어졌지 싶다.

학원 사교육을 권장하고 예찬하는 게 아니다. 현실을 깊이 뜯어

읽어야 해법이 나온다. 사교육을 죄악으로 여기며 궁지로 몰지 마라. 공교육을 사교육에 조화롭게 매칭시키는 혁신이 필요하다.

앞서 언급한 플립 러닝이 대안의 교육방식 중 하나다. 공교육이 토론하고 질문할 줄 아는 아이를 기를 수만 있다면 사교육에 주눅들 것 하나도 없다. 빈부에 따른 사교육 격차문제도 공교육이 풀어가야 할 숙제다. 거쉬업 발상으로 해법을 찾아야 한다.

상상력 그리고 3T

혁신의 최고 덕목은?

단언컨대 상상력이다. 화성시 서봉산 가벼운 산행 하산길에서 만난 아담한 유치원 벽에 이런 글이 새겨져 있다. "To Know is Nothing at all, To Imagine is Everything." 프랑스의 노벨문학상 수상작가 아나톨 프랑스가 남긴 경구다. "안다는 것은 아무 것도 아니다. 상상하는 것이 중요하다" 정도 번역 가능하겠다. 국가주의 인종주의에 저항하며 현실 참여했던 작가다운 표현으로 손색이 없다. 살피노라니 동산숲유치원이라는 간판이 뒤늦게 보인다.

상상력을 떠받치는 튼튼한 발도 필요하다. 3T가 삼발이어야 한다. 테크놀로지(Technology) 탤런트(Talent) 톨레랑스(Tolerance) 즉 기술 재능 관용이다. 앞의 둘은 당연한데 톨레랑스가 들어있는 게 이채롭다.

하필 서봉산 산행에 이어진 향남 둘레길 돌기에서 이지유치원 홍보 플레카드가 눈에 들어온다. '너그러운 리더가 되자!' 유치원

생에 너그러운 리더를 말하는 건 쉽지 않은 발상일 터. 고개를 드니 건물 입구 외벽에는 마하트마 간디의 말이 새겨져 있다. "Be Truthful, Gentle and Fearless!" 긴 설명이 구차스러울 정도로 메시지는 선명하다.

유치원 외벽과 플레카드에 노출된 문구의 눈높이는 경이롭다. 이런 교육 경영자가 있고 거기서 아이들은 자란다. 대도시 교육 8학군 유명 유치원은 비껴서라. 이게 우리의 진정한 거쉬업 역량이고 펀더멘털이다.

질문할 줄 아는 인재 만들기

학교와 대학이 변화에 가장 굼뜨다.

역으로 그건 학교와 대학이 바뀌면 혁신기류는 강해진다는 의미이기도 하다. 지식과 지성의 생리는 본디 그러하다. 유행에 휩쓸리지 않고 핵심가치를 지키고 고수해야 세상은 중심을 잡는 법이다. 이제 논란은 끝났다. 우리는 거쉬업이고 그 끝은 일류민족 일류국가다.

노력과 헌신 없이는 변화도 없다. 교사 교수는 사전 동영상 제작에 별도 품을 팔아야 한다. 영상화의 거부감과 어색함을 극복하는 게 걸림돌이지 한번 제작하고 나면 새 정보를 넣고 미세 조정하는 후속작업은 많이 수월해진다.

특히 반복 강의의 부담에서 자유로워지게 마련이다. 여력을 학생들과 자유로운 토론과 협업형 강의를 도입 유도하는데 쏟으면 플립 러닝은 탄력을 받는다. 장점과 효과를 극대화할 수 있다는 의미다.

질문력은 챗GPT 시대를 가로지르는 핵심역량이다. 지난 40년 세상을 바꾸었던 인터넷 포털은 검색력이 지식과 창조의 잣대였다. 지금 너무 빠른 속도로 달려오는 AI GPT에 주효한 건 검색력보다는 질문력이다. 질문의 입력값에 따라 답변의 결과값이 달라지니 그럴 수밖에.

이제 곧 우리는 AI 앞에 앉아 질문하고 답을 구하며 일상을 영위하는 시절을 맞는다. 내 위상이 질문력으로 가늠되는 아주 가까운 미래를 떠올려 보다. 벌써 질문을 전문으로 하는 AI 프롬프터라는 새로운 직업군이 형성되고 있을 정도니까 그건 미래가 아닌 오늘이다. 늘 예상보다 3~10년씩 더디오던 미래기술이 AI에 이르러 3~10년 일찍 닥치는 역설이 무섭지 아니한가?

교사 교수의 새 역량이 필수다. 학생들과 토론하며 즉흥적으로 답변하고 새로운 토론을 유도할 능력이 필요하다. 학생들도 바쁘다. 사전에 동영상 강의를 보고 오지 않으면 현장 수업은 헛일 아닌가? 질문과 토론을 하지 못하는 학생이 미래 인재로 성장할 수는 없는 법이다.

강물을 따라 흐르는 것은 죽은 물고기뿐

독일 극작가 베르톨트 브레히트.
그는 '죽은 고기만이 물결을 따라 흘러간다(Nor tote Fische

schwimmen mit dem Strom)'고 했다. KBS '쌤과 함께' 나왔던 김누리 중앙대 독문과 교수는 이 대목을 인용하며 생각이 없는 아이들을 양성하는 우리 교육의 획일적 행태를 비판했다.

물길을 따라 이럭저럭 살아가는 것은 편하다. 그냥 둥둥 떠내려 가는 것은 죽음이나 다름없다. 김 교수의 말처럼 우리 교육은 "머리에 씨앗을 심는 데만 급급하지 자라게 할 생각이 없다"는 게 맞는 듯하다. 씨앗의 죽음을 부르는 교육, 가혹하지만 정확히 와닿는다.

거스르는 것은 힘들다. 쉬운 길만 갈 요량이면 교육 자체가 무용지물이다. 김 교수가 언급하는 '질 낮은 컴퓨터를 만드는 교육'은 당장 폐기해야 한다. 시대가 원하는 창조적 인재를 키울 길이 있는데 회피하는 것은 죄악이다.

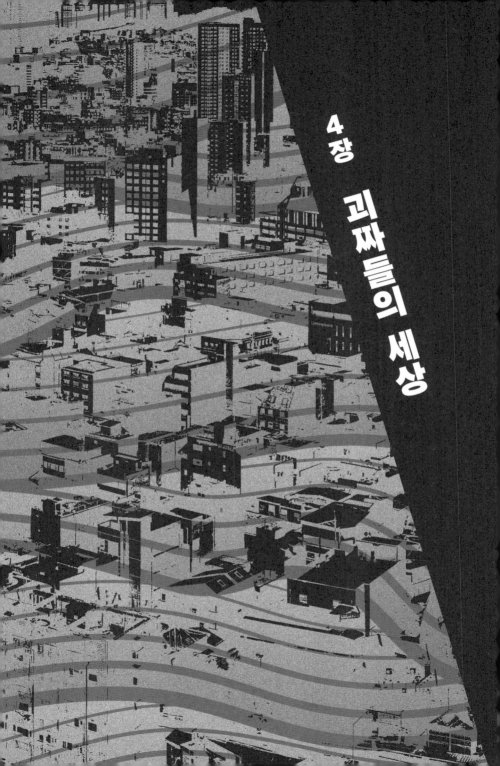

4장 괴짜들의 세상

범생이 비켜, 기크 나가신다
-누가 그래? 너드남 너드녀 재수 없다

Geek

영어의 Geek.

우리말로 '긱' 또는 '기크'라 읽고 표기한다(한글 맞춤법에 따르면 기크가 맞다). 한마디로 '괴짜'라는 의미다. 미국에서는 '특별한 분야에 지적 열정을 가진 사람'을 지칭하기도 한다. 일본의 오타쿠(御宅), 즉 만화 애니메이션 게임과 같은 한 분야에 심취한 마니아 열성 팬도 같은 부류다.

덕후는 같은 단어의 다른 표기다. 일본어 오타쿠를 한국식으로 '오덕후'라고 발음하다 줄여 '덕후'가 됐다. 일부는 '오덕'이라고 말하기도 한다. 중증 오타쿠는 히키코모리(引き籠もり)로 빠진다.

은둔형 외톨이, 사회생활에 적응하지 못하고 집안에만 틀어박혀 사는 병적인 사람들을 일컫는다. 가상세계에 빠져 사람과 대화나 소통을 거부하다 자기혐오와 우울증 증세를 드러낸다. 더 가버리면 폐인이다.

기크는 그런 부류와 다르다. 4차 산업혁명기의 스타트업은 그들에 의해 시작되고 결실을 맺는다. 배트맨 피규어 수집에 몰입하거나 서양의 중세 흑기사 모양의 다스 베이더 가면놀이를 하거나, 애플의 신제품을 사기 위해 밤 새워 줄을 서거나, 위키피디아를 쓰고 있다면 기크다.

한국에서는 미국의 싱어송라이터 제이슨 므라즈(Jason Mraz)의 'Geek in The Pink(분홍색 옷을 입은 기크)'로 Geek란 단어를 많이 접했다. 분홍색을 좋아하는 '핑덕(핑크 덕후)'이란 조어까지 유행시켰다. 므라즈는 'OTAKU(오타쿠)'란 로고가 새겨진 분홍 티셔츠를 입고 뮤직비디오에 출연해 눈길을 끌었다.

누가 그들을 타락한 신세대라 욕을 하랴. 괴짜들이 바꾸는 세상이다. 얼마나 멋진 신세계일지는 곧 실체를 드러내고 싶다.

괴짜가 설 땅은 없다

괴짜의 세상은 불편하다.

그들이 헤집고 다니는 곳은 늘 난장판, 상식을 뛰어넘는 언행의 뒤끝에서 정상인은 불평을 늘어놓는다. '정치적 올바름'이 일찍 시작된 나라에선 괴짜와 동행하려는, 아니 동행해야 한다는 의지가 강하지만 그게 아닌 경우 괴짜는 따돌려 사라지고 만다.

우리의 괴짜는 학교 사회에서 낙오자다. '왕따'로 소외되다 결국엔 가정으로 숨어들어 존재감을 잃는다. 선진국의 학교는 오래 전부터 '한 명의 낙오자도 없어야 한다(No Child left Behind)'는 교육 신념으로 약자와 소수자를 보호하지만 우리는 그들을 버리고 우등생 모범생만 데려 입시경쟁의 장으로 달려가는, 다 아는 그대로다.

그렇게 괴짜의 싹은 말라 비틀린다. 괴짜 부재의 세상은 분출의 힘을 잃고 널브러지게 마련이다. 편안함을 추구한 결과는 참담하지만 불편함을 받아들이면 다른 세상, 너른 세상, 더 나은 세상으로 들어설 수 있다.

Good girls go to Heaven Bad girls go Everywhere!

착한 여자는 천국을 가지만 나쁜 여자는 어디든 갈 수 있어!

은둔을 즐겼던 작곡가 겸 프로듀서 짐 스타인맨의 노래 제목, 'Good girls go to Heaven, Bad girls go Everywhere'의 번역이다.

스타인맨은 1977년 성대수술로 슬럼프에 빠져있던 보니 타일러를 우리에게도 잘 알려진 'It's a Heartache'로 재기시켰다. 1978년 앨범 'Meat Loaf'로 세상에 이름을 알려 에어 서플라이, 바브라 스트라이샌드, 배리 매닐로우 등 유명가수를 프로듀싱했다.

Good girl/Bad girl은 영화 '델마와 루이스' 명대사로도 유명세를 탔다. 여기서 나쁜 여자는 세상의 관습을 거부하며 권리신장과 자유를 추구하는 사람들이다. 관습과 통념에 저항하는 자유정신의 힘이 물씬하다. 개화기의 화가 나혜석이 딱 그랬을 거다.

자유의 바람, 이 시대 키워드다. 변화와 혁신의 새 바람이 세상을 다시 엄습하고 있나 보다. 관습과 통념에 순종하지 않고 저항하는, 조금은 나쁜 여자, 아니 나쁜 청년 너드(Nerd)이어야 하는 이유다. 억압구도를 깨지 못하면 미래는 물거품이다.

피터 틸

페이팔 창업자, 스탠포드 법대 출신의 수학 천재.

그는 '실리콘밸리의 괴짜 아이콘'으로 통한다. 1998년 온라인 결제시스템의 원조 격인 페이팔을 일론 머스크 등과 함께 설립, 2002년 이베이에 회사를 15억 달러에 매각했다. 그 돈을 시드머니로 틸은 벤처투자자로 변신했다. 일론 머스크는 물론 리드 호프먼(링크트인), 스티브 첸(유튜브), 제러미 스토플먼(엘프) 등 창업자가 페이팔 출신인 것도 우연이 아니다.

그들이 주축으로 세운 스타트업은 물론 페이스북 스포티파이 리프트 등 투자는 거개 성공작이었다. 자연스레 '페이팔 마피아'란 용어까지 생겼다. 틸은 수학 영재답게 2004년 빅데이터 분석업체 팰런티어를 스타트업해 기업가치 200억 달러 회사로 키웠다.

그의 머리는 온통 '기술'로 가득하다. 그를 향한 팬덤도 기술의 힘이다. 신기술이 일자리를 빼앗는다는 우려에 그는 고개를 젓는다. 산업혁명 직후 19세기에 일어났던 기계파괴 러다이트(Luddite) 운동이 얼마나 어리석었는지를 돌아보라는 지적이다.

예컨대 AI로 수많은 일자리가 사라진다는 우려. 당장 없어지는 직업은 한둘이 아닌 건 맞다. 그러나 AI는 하늘에서 툭 떨어지나? AI 기술혁신에 수많은 인재가 필요하고 거기 일자리는 새로 형성된다. 잡 쉬프트(Job Shift). 직업은 없어지는 게 아니라 잠시 숨을 고른 다음 더 강한 힘으로 옮겨갈 뿐이라는 게 그의 믿음이다.

정치적으로도 화제와 논란의 대상이다. 틸이 2016년 대선기간 중 트럼프를 공개적으로 지지했던 게 대표적이다. 실리콘밸리 정서가 얼마나 반트럼프적인지는 잘 알 것. 그는 주의 시선을 의식하지 않고 트럼프의 정치 노선을 밀었다. 모든 생각과 행동이 괴짜처럼 특이한 것에서 트럼프와 일맥상통했다. 우리에게 틸 같은 괴짜 하나 없을까?

ZerotoOne

피터 틸의 '제로 투 원(ZerotoOne)' 디지털 전략은 간명하다.

"우연성은 불평등한 폭군"이라 거부하면서 오직 "창조하라"는 주문. '원 투 텐'보다는 '제로 투 원'이 훨씬 어렵지만 의미 있다는 거다.

이 메시지를 '제로 투 원'(2014년 한경비피)이라는 저서에 담아 그의 핵심 콘셉트로 삼았다. 기존 제품의 퀄리티업이나 스케일업이 아니라 머리 속 생생한 상상력을 제품화해 시장을 독점하는 게 진짜 미래전략이라는 것.

치열한 경쟁의 레드 오션(Red Ocean)에 허우적거리지 말고 특이점(Singularity)으로 티핑 포인트(Tipping Point)를 뛰어넘어 독점 가능한 블루 오션(Blue Ocean)으로 나아가라고 주문했다. 수평적 진화는 글로벌화에 그치지만 수직적 진화는 세상을 지배하게 된다는 게 그의 지론이다. 틸의 ZerotoOne이 바로 거쉬업이다.

맥킨지 출신의 글로벌 컨설턴트 오마에 겐이치는 "사실에 기초한 케이스 스터디를 지속해야 ZerotoOne 잠재력이 생긴다"고 부언한다. 그래야 고려대 심리학과 허태균 교수의 말처럼 "우린 물건을 잘 만든다, 그러나 왜 만드는지 모른다"는 묘한 역설을 극복할 수 있다.

상상력이 더욱 간절한 변혁의 시대, 우린 지금 어떤 덫에 걸쳐 주춤거리는지 모를 일이다. 창발력은 날로 시들해지고 있건만.

완벽한 세상은 없다

우리는 언제나 도중이다!

영국 작가 올더스 헉슬리.

그의 역작 『멋진 신세계』에서는 과학 만능 기계문명의 한계를 잘 묘사한다. 헉슬리의 말처럼 아직도 기술을 통한 세상 변화는 도중이다. 물론 그 끝이 있을 리 만무한데 진짜 중요한 건 시작이지 싶다. 조금 더 완전한 세상을 꿈꾸며. 작은 것이라도 창조해 먼저 치고 나가는 퍼스트 무빙 역량이 긴요하단 의미다.

얼마나 험로인가? 신문명을 거부하며 은둔의 세계로 도피해 명작 『월든』을 남겼던 헨리 데이비드 소로는 그렇다 치자. 은둔하며 18년 간 폭탄우편물을 배달해 온 미국을 공포로 몰아갔던 하버드대 출신 수학천재, 별칭 유나바머(Unabomber) 시어도어 카진스키 같은 괴짜까지 반기를 든다. 불완전한 도중의 진통이다.

대학 무용론과 틸 펠로십

대학 졸업장, 필요 없어!

2010년 피터 틸은 대학 졸업장을 부정해 다시 파문을 불렀다. "재능 있는 젊은이여, 대학에 들이는 돈과 시간은 낭비일 뿐. 대학 졸업장은 필요 없다. 창업하라." 주장했던 것. 실리콘밸리 정신에는 부합했지만 미국 주류가치와 어긋났다. 그는 정형화된 대학교육보다 현장 경험에서 얻는 학습을 더 중요하게 평가했다.

틸은 이런 교육철학으로 언칼리지 무브먼트(Uncollege Movement, 대학안가기운동)를 확산시켰다. 2010년부터는 '틸 펠로쉽(Thiel Fellowship)'을 가동하며 대안의 길을 찾아 나섰다. 그는 이 재단을 통해 일찍 학업을 중단하고 기업경영의 세계에 뛰어드는 모험가 기질의 청년들을 돕기 시작했다.

해마다 대학을 포기하고 창업을 택한 청년 20명을 뽑아 교육비를 지원하고 2년 간 창업스쿨 이수 후엔 창업자금 10만 달러를 대준다. 졸업장보다는 각종 네트워크 동업자 법률가 등과 만남을 통해 창업의 역량을 키워나가는 게 목표다.

블록체인계 스티브 잡스로 불리는 이더리움 창업자 비탈리크 부테린이 틸 펠로쉽 출신이다. 온라인 결제업체 '페이팔' 창업자이면서 실리콘밸리의 이상과 가치, 꿈을 상징하는 인물로서 면모를 잘 읽게 한다.

대학교육의 의미와 가치와 의미를 논하는 건 간단치 않다. 특히 대졸과 고졸 대학중퇴와 차이를 뭐라고 설명해야 할지도 모르겠다. 실리콘밸리에서는 그럴지 몰라도 또 다른 곳에서는 대학의 아우라를 무시할 수 없는 게 현실이기도 하니까. 틸과 그의 아이들은 그런 고민조차 무용지물로 만들 참이다.

중퇴의 힘

누가 그래, 나사 빠진 아이들이라고?

종래 중퇴자를 보는 시선은 곱지 않았다. 정규코스에서 학습해야 할 것을 빼먹고 기술적으로 필요한 공부만 해서, 우리의 경우라면 검정고시로 졸업장을 대신해 사회에 나온다는 비하가 담겼다.

지금은 딴판이다. 미국 샌프란시스코 실리콘밸리에 가서 출세하려면 고교 대학 중퇴자 타이틀이 필요하다는 우스개를 한다. 우스개가 아니라 진담이다. 2016년 파이낸셜타임스가 영국의 마케팅 조사업체 버브서치의 조사결과를 인용했던 기사의 파장은 상당했다. 세계의 수퍼리치 25%가 중퇴자들이고 박사학위를 받은 5%만 부자가 될 뿐이라는 통계적 실증자료 말이다.

실제 스티브 잡스, 빌 게이츠, 마크 저그버그, 스티브 워즈니악 등 유명인이 대학 중퇴자 타이틀 소유자다. 난독증을 앓았던 버진그룹 회장 리처드 브랜슨까지. 값비싼 대학 학자금을 스타트업에

85

투여, 일찍 도전의 길을 갔던 인물들이다.

성공한 CEO만 손꼽는 건 위험하다. 예기치 못한 리스크에 봉착, 도중에 하차하는 사례는 경계해야 한다. 어떤 경우든 스타트업 생태계에선 대학 졸업장이 아무 변수가 되지 않는다.

우리 실상은? 한마디로 답답하다. 고졸과 대졸의 사회 출발선이 다르고 심지어 어느 대학 출신인가를 먼저 따지는 낡아빠진 관행을 어찌할 건가?

시간이 흐른다고 다 미래가 되지 않는다
- 피터 틸

피터 틸은 1에서 3~5 아니라 10을 만든다고 한들 0에서 1을 만드는 것에 못 미친다고 말한다. 무에서 유를 창조하는 고통과 성공 이후의 희열이 느껴진다. ZerotoOne(제로 투 원) 철학의 요체다. 패스트 팔로어는 설 자리가 없다.

태만한 이들에게 미래는 빈약할 수밖에 없다. 분수처럼, 간헐천처럼 분출해 솟아오르는 에너지가 멋진 미래를 담보하고 기약하는 것일 터. 시간이 흘러 진짜 미래가 될 수 있도록 창조 창의 창발에 올인해야 한다. 피터 틸의 깊은 충고의 말을 거푸 되새긴다.

무늬만 미래

우리는 오늘보다 더 나은 내일을 말한다.

비록 그게 겉치레일지라도 긍정과 희망을 기약하는 것이니 말의 의미를 살리는 게 맞다. 우리가 입에 자주 올리는 미래의 실체도 같다. 오늘을 이토록 방치하면서 나은 내일, 아니 희망찬 미래를 얘기해도 될까?

정치평론가 박성민의 말. "나를 바꾸는 건 혁신이고 남을 바꾸자고 나서는 건(남이 바뀌어야 한다고 주장하는 것은) 기득권 보호다." 의미가 깊다. 시간의 흐름을 따라 다 미래가 되면 아무도 고민하며 노력하지 않을 거다. 버려둔 오늘의 내일은 무늬만 미래일 뿐.

테크노 히피

히피는 반체제 자연찬미론자 그룹이다.

'꽃의 아이들(Flower Childern)'이라 불렸다. 팝가수 스콧 매켄지의 '샌프란시스코' 아니 '샌프란시스코에선 머리에 꽃을 꽂으세요'로 더 잘 알려진 노래의 영어가사 'If You're going to San Francisco, Be sure to wear some flowers in your hair"가 먼저 입에 담긴다. 산타나와 스티브밀러밴드 등이 활동하던 헤이트 애쉬베리 거리가 떠오르는 것은 물론이다.

그곳이 지금은 세계를 움직이는 스타트업의 본거지이자 미래사회 약속의 땅으로 자리했다. 상상력과 기술을 가진 세계 인재들이 모여든다. 테크노 히피(Techno Hippie)의 힘, 기술과 자유의 연대가 가져다준 선물이다. 스티브 잡스와 제프 베이조스 등 빌리언 달러 테크노 히피 스타탄생이 그들을 더욱 자극했다.

테크노 히피는 자유와 기술의 수평적 결합과 공유를 실천하는 신인류다. 그 의식의 확장이 바로 인더스트리 4.0의 토대임은 말할 나위도 없다. 디지털 기술로 무장한 히피, 테크노 히피가 바꿀 세상은 어디서 무엇이 되어 우리와 만날까?

디지털 노마드

디지털 네이티브 세대에 정주는 없다.

그들은 농경민이길 거부하며 거리를 떠돈다. 일이 떨어지면 근처 카페나 커피숍에서 잠시 머물며 첨단 디지털기기를 켜면 그뿐. 언제 어디서든 누구와도 소통하며 임무를 수행한다.

Digital Nomad. 프랑스 경제학자 자크 아탈리가 "21세기는 태블릿PC 스마트폰 등 디지털 장비를 갖고 자유롭게 떠돌며 창조적으로 일하는 디지털 노마드의 시대"라고 한 데서 비롯된 말이다. 그들은 조금씩 정주민 농경체제 같은 앙시앙 레짐(Ancien Regime, 구체제)을 무너뜨렸다.

비대면 교육과 회사근무 체제 등이 자연스럽게 일상화했다. 디지털 노마드의 힘이다. 그들은 규제하고 억압하려 드는 것은 난센스다. 리베로로 가동하면 힘을 내지만 포지션을 주면서 간섭하면 멈춘다.

디제라티

그 많은 신조어들은 어디서 왔다 어디로 갔을까?

참여군중(Smart Mob) 디제라티(Digerati) 보보스(Bobos). 20~30년 전 디지털 시대를 풍미하던 상징어다. 지금 우행어에 비하면 촌티가 나지만 의미는 퇴색하지 않고 그대로다.

스마트 몹. 우둔한 군중(몹) 아닌 다른 차원의 군중, 스마트몹이다. 디제라티는 디지털(Digital)과 지식계급(Literati)을 합해 만든 건데 실제 대부분의 지식인들이 디지털 문화에 젖어 살아간다. 보보스는 1960년대 히피로 대변되는 '보헤미안(Bohemian)' 전통과 80년대 여피로 상징되는 '부르주아(Bourgeois)' 가치를 합친 개념. 최근 미국 서부를 휩쓰는 '테크노 히피(Techno Hippie)'와 별반 다르지 않다.

IT 권위자 미국 H. 라인골드는 2002년 출간한 'Smart Mobs : The Next Social Revolution'에서 참여군중 개념을 제시했다. 스마트기기로 긴밀한 네트워크를 형성해 정치 경제 사회 제반 문제에 참여하는 똑똑한 인재집단을 지칭한다. 인터넷과 SNS를 접속하면서 특정 약속장소에 모여 짧은 시간 황당한 행동을 한 뒤, 순식간에 흩어지는 불특정 다수의 플래쉬 몹(Flash Mob)으로 진화해 파문을 일으켰다.

유력 인사에 디제라티가 많다. 대표적 인물이 마이크로소프트의 빌 게이츠와 선마이크로시스템의 스콧 맥닐리, 아메리카온라인의 스티브 케이스, 가상공간의 전위예술가 재론 래니어 등. 디지털기술과 관련을 맺고 있는 사회 문화 경제 철학 정치 언론계

수많은 인물이 반열에 오르고 있다.

이들이 말하는 디지털 사회문화 개념은 가히 혁명적이다. 디제라티 멤버인 셰리 터클 미 MIT대 과학사회학 교수의 말대로라면 '오늘=디지털 강풍이 몰아치는 창조적 혼란의 순간'이다. 이런 상황의 극복을 위해 보이저 설립자인 밥 스타인은 새로운 이념 정립의 필요성을 거론하고 있다. "마르크스 레닌 마오쩌둥 사상까지를 이해하고 그 사고를 디지털 혁명에 적용할 수 있는 지식과 정치경제학 소양이 절대 필요하다."는 것.

저널리스트인 존 브록만은 천체 물리학자인 클리프 스톨의 디지털 문화 비판론까지 수용하고 있어 눈길을 끈다. "웹과 하이퍼텍스트는 그 이전 사고의 본질을 이루고 있던 콘텍스트를 파괴한다. 텔레비전이 황무지라면 웹은 포장이 극히 얇은 싸구려의 함정"이라는 식이다. 그럼에도 불구하고 디제라티는 새 엘리트 기득권층으로 떠오르고 있다는 게 브록만의 판단이다.

1980년대만 해도 야망과 성공의 대명사격인 부르주아와 반항 및 반문화적 창조성으로 상징되는 보헤미안의 구별이 뚜렷했다. 미국의 WASP(White Anglo-Saxson Protestant 앵글로색슨계 백인청교도)는 교육을 많이 받은 엘리트 귀족으로 세속적 성공을 추구한다는 점에서 지난 세기의 부르주아와 닮았다. 반면 히피는 자유와 진보, 야성 그리고 자연의 창조성 등을 지향했다.

이 두 개의 상반되는 가치를 하나로 묶는 디지털 문명 그룹이 있다. 바로 보보스다. 부르주아의 야망과 합리성, 보헤미안적 자유와 상상력을 조화시킨 새 계층이라는 의미다. 그들은 근로자가 아니라 예술가처럼 일한다. 정치 경제보다는 문화를 통해 자기를 표현하는데 익숙해 있는데 특별히 모나지도 않고 지나치게 열정적이지도 않은 새 인간으로 분류된다.

이들은 조직 내 인간의 덕목인 효율성보다는 창의성이 생산성의 새로운 열쇠라고 믿는다. 청바지를 입고 주주총회에 나타난 빌 게이츠나 역시 청바지에 블랙 터틀넥을 고수하며 프레젠테이션에 임하던 스티브 잡스를 떠올리면 이해는 쉽다. 흐트러짐 없는 정장 차림만이 어울리던 과거의 격식을 파괴한 그들 보보스. 누구의 어느 방식이 사회를 혁신시키는데 더 효율적인지는 이제 논란의 대상조차 아니다.

DINK/DEWK

딩크 듀크, DINK DEWK를 그렇게 읽는다.

'Double Income, No Kids'의 앞 글자를 따서 만든 조어다. 자녀를 두지 않은 맞벌이 부부란 의미라는 점을 파악하긴 그리 어렵지 않다. Double Income, 수입은 두 배이지만 No Kids, 의도적으로 아이는 갖지 않는 새로운 가족 형태를 뜻하는 말이다. 사회적 관심과 국제적 감각에 기반, 상대방의 자유와 자존감을 추구하며 일하는 삶에서 보람을 찾으려는 부류다.

여피(YUPPIE Young Urban Professional), 즉 젊음(Young) 도시형(Urban) 전문직(Professional)의 YUP에서 나온 용어로 규정한 족속도 이 부류다. 그러다 보니 과도하게 물질을 숭배하는 문명병, 심지어는 종으로서의 인간을 부정한다는 비판에 직면해 있다.

91

한국의 출생률 급감 현상이 딩크 후폭풍이란 분석이 유력하다. 청소년기 딩크란 단어와 문화를 접한 후 성인이 돼 그 흐름에 휩쓸리고 있다는 것. 출산에 엄청난 공적 예산을 쏟아 부어도 출생률 하락을 막지 못한다. 빠르면 2300년, 늦어도 2700년 무렵 한국은 세계 최초 인구제로의 나라로 소멸할 것이라는 예상도 파다하지만 갈수록 그 우려는 깊어가는 모양새다.

설마? 설마가 사람 잡는다더니 나라 잡게 생겼다. 그래서 등장하는 게 DEWK(Dual Employed With Kids)다. 듀크는 아이를 가진 맞벌이, 둘이 벌어 빠듯하게 살더라도 아이는 갖자는 거다. 그러자면 아이를 나라가 키우겠다는 비장한 정책이 불가피하다.

육아 시스템을 파격적으로 강화하지 않으면 실효성이 없다. 게다가 청년들이 비록 저임금에 시달리더라도 좌절하지 않고 성인의 길을 갈 수 있게 집 문제를 먼저 해결해주는 배려가 필수적이다. 정부가 그들의 신혼집 제공에 올인하는 극단적 대책까지 고려해야 한다.

딩크가 그랬듯 듀크란 단어를 많이 알리는 게 상책이다. 그래야 청춘의 주류 생활문화로 확산해 10~20년 뒤 출산 바람으로 자리를 잡을 테니까. 현재로선 딩크와 달리 듀크는 동력이 약하다. 딩크의 기세가 여전히 강한 탓인 듯하다.

Stay hungry, Stay foolish

늘 갈망하라, 때론 바보짓을 하라.

스티브 잡스의 2005년 스탠퍼드대 졸업연설 엔딩 문구다. 대개 잡스의 워딩으로 알고 있지만 아니다.

샌프란시스코 히피경영의 구루로 통하는 스튜어트 브랜드가 1968년 창간해 꾸리던 'Whole Earth Cataloge' 종간호, 그것도 마지막 페이지를 장식했던 카피다. 브랜드는 글로벌비즈니스네트워크 결성 등 오늘의 샌프란시스코를 스타트업의 성지로 만드는 정신적 지주 역할을 했는데 잡지는 당시 수평적 사회구현의 교과서로 통했다.

중국 고사성어에도 비슷한 문구가 등장한다. 난득호도(難得糊塗). '바보 되기란 참 어려운 일'이라는 의미로 가훈으로 인기다. 청나라 문인 정판교(鄭板橋)가 지은 서자성어인데 '자신을 낮추며 어리숙하게 처신하는 게 진짜 똑똑한 것'이라는 교훈을 담고 있다.

갈망, 그건 알겠는데 그는 왜 가끔은 바보가 되자 했을까? 깊은 함의는 잡스의 삶을 보면 금방 드러난다. 그 파란의 세월은 그가 때론 바보인 줄 몰랐던 탓, 첨단의료 도움을 거부하고 자연치유를 택했다 일찍 떠나버린 것 또한 그러하다. 다시 Stay hungry, Stay foolish, 잡스가 인용하지 않았으면 그냥 잊혔을 경구의 주인공 스튜어트 브랜드를 잠시 기린다.

애플은 자유 7과목과 기술 교차점 회사

다시 소환하자.

애플 CEO 스티브 잡스. 2009년 1월 아이패드 발표장에서 애플을 '자유 7과목과 기술의 교차점에 선 회사(Intersection of Liberal Arts & Technology)'로 규정했다.(참고로 국내 언론이 Liberal Arts를 인문학으로 오역했다. 대학의 전문학부에 들어가기 전에 배워야 하는 자유학예다. 일본에서 Liberal Arts를 교양과정 혹은 교양과목이라 번역했는데 우리도 거기 익숙하다. 자유학예는 자유 7과목으로 구성된다. 구체적으로는 문법 수사학 논리학 3학에 대수학 기하학 천문학 음악 4과를 더해 자유 7과목이라고 칭한다. 인문학은 Humanities란 영어 표현이 따로 있다.)

애플 로고를 두고 뉴턴의 만유인력 사과라고들 했지만 틀렸다. 잡스가 숭배하던 천재수학자 앨런 튜링의 삶과 죽음을 형상화한 거다. 스티브 잡스는 2011년 떠나 추억이 됐지만 본인은 컬트로 남고 '한입 베어 문 사과'(우스개로 '푹 파인 애플') 로고는 스마트 세상의 상징이 됐다.

앨런 튜링의 영혼이 살아 돌아오는 시간. 우리는 지금 어디서 오래토록 헤매고 있는가?

앨런 튜링

2021년부터 유통되고 있는 영국 50파운드 지폐 새 모델.

앨런 튜링이다. 생소할 수 있겠다. 그는 애플의 스티브 잡스가 숭배하던 천재 수학자로 2차 세계대전 때 독일의 에니그마(Enigma) 암호를 풀어 연합군을 승전으로 이끌었다. 하지만 당시 세상이 저주하는 동성애자로 성정체성 갈등에 시달리다 1954년 42세 나이로 독이든 사과 한입을 베어물고 우리 곁을 떠났다.

노르웨이 출신 영화감독 모튼 틸덤은 영화 '에니그마'(2014년)로 그를 기렸다. 앞서 스티브 잡스는 애플 로고에 그의 슬픈 영혼을 가져다 심었다. 그게 스마트 세상의 상징으로 남을 줄이야!

앨런 튜링은 영국 파운드 화폐 속 인물이 됐다. 튜링의 수학과 상상력의 힘을 되새기자는 의미다. 2019년 지폐인물 선정 당시 테레사 메이 영국 총리는 트위터에 "튜링의 자동연산장치 개발 업적과 LGBT(성소수자)의 기여를 기억해야 마땅하다."고 토로했다.

은유하라

은유, 영어로 메타포(Metaphor).

사물의 본뜻을 숨기고 유사한 특성을 가진 사물이나 관념을 사용해 표현하는 비유법이다. 임팩트가 약해 자칫 모호하게 흐를 우려가 있다. 직유가 표현하고자 하는 대상을 유사한 다른 대상에 바로 빗대는 것과 다르다.

문학은 은유의 향연장이다. 시인이자 평론가인 장석주는 이를 『은유의 힘』(2017년 다산책방)에 잘 담아냈다. "정말 좋은 시인은 '진실의 전부'가 아니라 '작고 구체적인 조각'만을 갈망한다. 좋은 시는 작고 진실에 충실하지만 나쁜 시는 큰 소리, 옳은 소리로 큰 진실을 담아내려 한다."

경영의 측면에서는 브랜드 디자이너 우현수를 주목할 만하다. 그는 근자의 가장 은유적인 단어로 '플랫폼'을 지목한다. 메타(페이스북)는 플랫폼기업, 배달의 민족도 플랫폼이다 등 은유적 표현이 난무할 때 사람들은 "플랫폼이 뭐지?" 조금 어리둥절했다. 우현수의 설명. "플랫폼기업. 유기적으로 연결된 선로를 따라 열차가 승강장을 드나드는 모습, 딱 맞아 떨어지는 비유고 은유다. 플랫폼기업이란 단어가 일반명사로 선명하게 다가선다. 쉽고 인상적인 개념은 한번 머릿속에 들어오면 잊히지 않는다. 바로 은유의 힘이다."

은유는 이미지다(이 표현 자체가 메타포다). 이미지는 상상력을 부르기에 무한확장이 가능한 지평으로 나아간다. 예컨대 이런 은유적 표현. "자율주행차는 굴러가는 스마트폰이다." "전기차는 굴러다니는 보조 배터리." 어떤가? 담긴 의미와 메시지는 깊고 명료하다.

은유는 상상력의 산물이다. 이 표현을 반복하면 상상력은 확장한다. 산업의 콘셉트가 복잡하고 어려워질수록 은유로 단순화할 필요가 있다. 은유는 부드러우면서 강하다. 은유적 표현 하나 남기며 단락을 맺자. 우리는 거쉬업이다.

래리 페이지

구글 창업자 래리 페이지.

그는 늘 존경받는 경영자 상위에 랭크된다. 정작 본인은 아무것도 하는 일 없다는 말만 반복하고 있다. 2011년 구글로 돌아와 과거 습관 그대로 사무실 여기저기를 어슬렁거린다.

그러다 아무 직원 옆에 서서 관심 표명하며 대화 시작, 주변 다른 직원들 두서넛 가세해 대화의 장이 커진다. 최상층부와 현안을 말하는 직원은 얼마나 신나고 감동일까?

구글 초창기 기자와 인터뷰를 하던 래리 페이지. 질문을 받고 답을 하면서 손으로는 끊임없이 디지털 기기를 매만졌다. 산만해진 기자가 불평을 했다. "인터뷰에 집중할 수 있게 모드를 좀 바꾸자!"

페이지는 이렇게 답을 했다. "나는 지금 인터뷰에 충실히 대응하고 있다. 기자가 불편하면 대화를 중단하든, 이대로 계속하든 선택하시라!" 어떻게 얻은 인터뷰 기회인데, 기자는 괴짜 천재 CEO에 두 손을 들어야 했다.

사족으로 우리네 풍경. 요즘 젊은 CEO 상당수는 예고 없이 현장을 찾는다. 현장 사무실을 불쑥 찾아 직원과 얘기를 할라치면 어디서 달려왔는지 팀장 부장은 물론 담당임원까지 옆에 따라 붙는다. 어떻게 알았을까? 공연히 헛소리 하지 마라는 위협이다. 가뜩이나 얼어붙은 직원은 제대로 된 한마디 말도 못한다. 그게 대화고 소통, 숨이 턱 막히는 한국식이다.

박스 밖 생각

2016년 작고한 석학 앨빈 토플러.

특히 말년에 유난히 한국과 깊은 관계를 맺었다. 대한민국을 향한 그의 마지막 조언은 '박스 밖에서 생각하라(Think out of the Box)'. 한국인의 딱딱하고 판에 박힌 사고에 기겁한 결과였다. 이렇게 닫히고 갇힌 생각으로 제3 제4의 물결을 탈 수 없다는 것. 우린 거금을 들여 그를 초청해 강연과 대담을 들었지만 정작 그의 결정적 제안엔 귀를 닫았다.

괴짜는 드물다. 따로 괴짜 교육을 주고받을 수도 없는 노릇이고 설사 그런다 해도 효과가 있을 리 만무하다. 토플러는 선진국 후발 개도국 할 것 없이 성장가도를 달리는데 한국만 주춤거리며 최악의 실업률을 경신하고 있단 지표에 깊은 우려를 나타냈다는 전언.

우리의 생각과 시스템을 박스 바깥으로 내몰길 권했던 그의 통찰력, 우리더러 후천적 괴짜의 길을 가라고 한 그의 말을 잘 새길 필요가 있어 보인다.

리버스 멘토링

잭 웰치 제너럴일렉트릭(GE) CEO.

GE의 기사회생을 논할 것도 없이 그의 경영 리더십은 이미 전설이다. 디지털 시대 그의 이름을 들을 기회는 거의 없다. 1960년 GE에 입사해 1981년 46살에 최연소 CEO, 2001년 경영일선에서 퇴장했기에 더욱 그러하다.

잭 웰치는 1999년 영국 출장 중 우연히 한 청년을 만나 인터넷의 의미와 확장성의 설명을 들었다. 아, 시대가 달라졌구나! 회사로 돌아와서 일단 500명 임원을 비인터넷 세대로 간주하면서 전원에게 젊은 인터넷 세대와 멘토-멘티 관계를 맺으라고 주문했다.

자신도 20대 멘토를 한 명 지정해 인터넷을 배웠다. 소위 디지털 이주민과 원주민을 일대일로 연결해 멘토링 시스템을 구축한 것. 바로 리버스 멘토링(Reverse Mentoring, 역멘토링)이다.

멘토링은 연륜과 경험이 있는 선배가 초심자 후배를 코치하고 가르치는 거다. 하지만 인터넷과 SNS 등 IT 관련해서는 역멘토링이 불가피하고 자연스럽다. 전문적인 것은 본격 재교육으로 커버하되, 사소한 스킬은 후배가 바로 가르치고 훈련을 시킬 수 있기에.

리버스 멘토링을 IT에만 국한할 이유가 없다. 조직생활과 마케팅 등 전문가 조언을 들어야 하는 분야도 있지만 대개는 바로 옆에 있는 후배가 선배에게, 심지어는 고위 경영진에게까지 충분히 지식과 노하우를 전할 수 있다. 젊은 감각, 그들의 생각 고민 뉴트랜드 등. 선배나 경영진의 꼰대 탈출을 돕는 결정적 카드가 될지도 모를 일이다.

이런 건 어떨까? 사내교육 때마다 부르는 고액의 외부강사. 졸지 않게 하는 기술 외 특별히 가성비가 있어 보이지 않는다. 팀별 TED방식으로 강의와 강연을 주고받으면 충분하다. 일차 발표 당사자의 학습효과부터 기대할 가치가 있다.

거기서 강사의 역량을 갖춘 직원 발굴도 가능하다. 그들을 회사 내 큰 교육의 강단에 세우면 된다. 테마는 공정 및 품질 관리에서부터 스포츠 레저 등 취미생활까지 다양하게 구성 가능하다. 일회성이 아니라 조직적으로 체계화할 가치가 있는 시도일 것.

아마도 평소 후배 직원에 "나 때는 말이야(라떼는 말이야)"하며 옛날 애기를 시작하거나 "요즘 젊은 애들 말이야" 하며 불신하던 선배나 경영진은 그들의 성숙함에 깜짝 놀랄 거다. 그래야 "라떼는 말이야" 세대의 꼰대 탈출이 가능하다. 리버스 멘토링은 소통이다. 소통은 칸막이벽을 허물 정도로 힘이 세다.

튀는 나라들, Why Estonia?

여기저기 튀는 괴짜 나라들까지.

트럼프의 미국은 이 대열에서 빼자. 2021년 엘살바도르 나이브 부켈레 대통령은 비트코인을 법정화폐로 도입해 미국 달러와 함께 통용키로 했다. 국채를 발행해 비트코인을 사들이는 과격한 선택에 미국 등 서방이 우려를 전할 정도였다. 브라질과 중앙아프리카공화국도 국가 재정을 변동성이 큰 암호화폐의 등락에 맡기는 위험천만한 대열에 동참할 기세다.

2023년 11월 아르헨티나 대통령 선거에서 당선된 하비에르 밀레이. 그는 일본 애니메이션 체인소 맨에서 딴 닉네임을 따라 전기톱을 들고 유세에 나서더니 중앙은행 폐쇄, 자국화폐 페소 폐지 후 달러화 대체 등 과격하고 파격적인 경제조치를 단행하겠다고 공언했다. 대통령 취임 후 즉각 정부 18개 부처를 9개로 줄였고 이어질 공기업 민영화 조치가 얼마나 강력하게 시행될지 인근 국가들까지 촉각을 곤두세우고 있다.

개중 온건하면서 뛰어난 상상력을 발휘하는 나라, 러시아와 북유럽 사이 작은 나라 에스토니아다. 라트비아 리투아니아와 함께 발트3국이라 불린다. 옛 소련 해체 때 Singing Revolution으로 독립을 쟁취해 주목을 받았다. 지금 나라 닉네임은 e-Estonia! 블록체인을 기반으로 삼는 첫 국가를 지향하면서 블록체인 거버넌스, 크립토네이션 등 타이틀도 함께 달고 있다.

인구 130만 명 남짓이라 노동력 자체가 부족하지만 괜찮다. 전세계인을 대상으로 사이버영주권 e-Residency을 부여, 디지털 노마드를 자국민화 하면서 온라인으로 자유롭게 법인설립을 허용해 기업활동을 하게 한다. 명문 탈린공대와 연대해 트랜스퍼와이즈란 외화송금 전용 암호화폐를 발행한데 이어 국가 암호화폐 에스토코인 ICO(암호화폐공개)까지 선보였다.

2020년 7월 에스토니아는 '디지털 노마드 비자' 운용을 선언했다. 이로써 온라인으로 일하는 외국인이 취업허가 없이도 에스토니아에 와서 1년간 합법적으로 일할 수 있게 됐다. 세 장짜리 지원서를 다운로드 받아 온라인으로 지원하면 끝. 해외 전문인력을 확보해 경기회복의 동력으로 삼겠다는 취지였다. IT 강소국 에스토니아의 발상과 면모를 유감없이 선보였다는 평이다.

블록체인 공화국의 실험은 계속될 듯하다. 튀는 모습이 덜하지만 실제론 많이 튀는 나라 에스토니아의 향방과 달라질 미래 글로벌 위상이 궁금해진다.

천장높이

상상력은 건축물 천장높이에 비례한다.

일상의 생활공간에서 위에서 누르는 억압구도가 얼마나 해로운지를 말하는 표현이다. 자유롭고 시원하게 펼쳐진 공간에서는 상상력이 나래를 펼 수 있을 것 같은 느낌.

우리네 전통 거주양식에서 천장높이는 보잘 것 없다. 기와집은 좀 낮지만 초가 토담집 대부분은 여름날 폭풍 태풍 피해방지와 겨울철 난방효과를 위해 최소의 높이를 고수, 출입문은 허리를 굽혀야 할 정도로 낮고 협소했다. 개화기 조선을 찾은 해외 외교관 선교사 상인이 제물포에서 한양으로 가는 신작로 변에 쓰러질 듯 서 있는 지붕 낮은 집을 축사로 알고 "도대체 사람들은 어디서 사느냐?" 물었다는 일화가 슬프다.

아파트 천장고(천장높이) 또한 어떠한가? 이번엔 비바람과 냉난방 때문이 아니라 건축비 절감을 명분으로 1990년대 2.2m까지 낮아졌다 현재 2.4~2.5m 수준이다. 초기 아파트와 최근의 고급 아파트 천장고는 2.6~2.9m. 이를 위한 바닥두께의 축소는 층간소음을 악화하는 이유로도 작용했다.

우리 아파트를 본 외국인은 두 번 눈을 의심한다. 우선은 온 도시를 어찌 아파트로만 뒤덮을 수 있느냐는 것. 그것도 성냥갑이나 긴 박스 같은 획일적 외형으로. 최근 10년 안에 지어진 아파트의 경우 제법 다양한 디자인이어서 그나마 다행이다.

아파트 내부에 들어가선 표정이 오락가락이다. 외형과 달리 이토록 멋진 실내 공간을 만들 수 있나, 먼저 놀란다. 하지만 곧장 낮은 천장이 답답하다. 숨 막히는 감옥 같다는 게 그들의 한결 같은 지적이다.

우리는 낮은 천장이 익숙하다. 긴 시간 적응을 마쳤다는 얘기인데 그건 곧 상상력 상실과 궁핍을 실토하고 인정하는 것에 다름 아니다. 천장은 거쉬업 생태계 조성의 직접적인 걸림돌이지만 당장은 어떻게 손을 쓸 수 없다.

그래서 청년들은 커피숍과 카페로 탈출한다. 작가 고 이외수의 말처럼 '인간 보관용 콘크리트 캐비닛' 같은 아파트나 원룸에서 벗어나는 쾌감, 그것도 가급적 천장이 높은 1층 공간에 앉아 조금이나마 상상력을 자극하는 짜릿함을 누리는 거다.

스마트기기 없었다면 우린 어쩔 뻔했나? 점주와 눈치싸움을 하는 게 마음에 걸리긴 해도 그나마 다행이다. 청년들은 천장 높은 커피숍과 카페에서 상상력의 허기를 달래며 미래를 그린다.

신경건축학

Neuro-Architecture.

신경건축학이라고 번역한다. 신경과학(Neuroscience)과 건축학(Architecture)의 합성어로 생명이 없는 구조물에 신경을 붙여 인간 뇌의 건축물 반응을 분석하는 학문이다.

피츠버그대학교 조너스 솔크 교수가 초기개념을 제시했다. 그는 1948년부터 정부 지원을 받아 소아마비 백신 개발에 매진했다. 그러다 1950년대 들어 한계에 봉착했는데 이탈리아 여행 중 아시시 성프란치스코대성당(Basilica di San Francesco)에서 돌파구를 찾았다. 성당과 수도원 등 뻥 뚫린 천장에서 인사이트를 떠올려 무려 10년 만에 백신개발을 성공으로 이끌었다.

이후 그는 자신의 이름을 따 솔크생명과학연구소를 지으며 '건물 아니라 예술을 짓는 건축가' 루이스 칸에게 설계를 맡겼다. 솔크의 유일한 주문은 연구소 천장을 높게 해달라는 것. 1959년 천장고 3.3m이상의 연구소가 완공됐다. 지난 60여 년간 솔크연구소에서 노벨상 수상자가 6명이나 나왔다.

그런가하면 미네소타대 조앤 마이어스-레비 교수는 실험에서 천장고를 2.4m에서 2.7m, 2.7m에서 3m로 각각 30cm씩 높일 때, 사람들의 창의적 문제해결 능력이 2배 이상으로 향상된다는 연구 결과를 공개했다. 신경건축학이 억지 흥미 사치가 아니라는 평가와 함께 날로 과학적 진화를 거듭하는 모양새다.

우리의 경우 아파트는 물론 건축 전반이 아직 부실하다. 잿빛 콘크리트 구조물이라는 표현이 상징적이다. 특히 미국 유럽 선진국은 물론 아시아권 대다수의 나라에 비해서도 취약한 천장고를 단기에 해결할 방도는 없어 보인다. 거쉬업 생태계 조성을 위해 신경건축학 시선을 깊이 새겨야 할 시점이지 싶다.

저고도경제

천장이 낮아도 저고도(低高度)경제 구상에는 실패.

아이러니하지만 천장이 낮으면 모든 것에서 못 미친다. 요즘 유행하는 저고도경제가 대표적 케이스다. 천장 낮은 우리가 먼저 떠올려야 했을 법한 테마인데 미처 생각을 못했다. 저고도 신산업 구상에선 중국이 앞서 치고 나갔다.

개념 자체가 어렵거나 복잡하지는 않다. 이미 일상화한 드론을 중심축으로 미래 하늘도시 건설의 꿈을 실현하겠다는 거다. DJI BYD 화웨이 등 중국업체가 이미 세계 드론시장의 70%를 장악하고 있는 터였다. 공중에 비행노선을 설정하고 플랫폼을 설치, 에어택시 플라잉카 등 모빌리티를 투입하는 게 최우선 사업이었다.

중국의 개혁개방을 선도했던 선전 광둥을 필두로 주요 도시가 가세했다. 저고도경제로 고공비행해 제2의 도약을 기하겠다는 야심이었다. 소프트웨어 하드웨어 개발을 큰 골격으로 물류배송 에어통근 긴급구조 등 상업적 응용을 도모하는 저고도 산업사슬을 엮어갔다.

수백 수천 개 첨단기업을 글로벌 드론체계로 연결했다. 타국 거점까지 포함, 100여 개 지역에서 원자재를 공수하는 성과를 거뒀다. 신화통신 보도에 따르면 2025년까지 600개 이상의 저고도 비행기 이착륙 플랫폼 건설과 220개 이상의 드론노선 개통을 목표로 관련 기업사슬 1천700개 이상을 키울 계획. 관련 생산 유발효과는 우리 돈으로 약 18조 원, 중국 전체 저고도경제 규모는 900조원에 달할 전망이다.

스타트업 샤오펑후이톈(小鵬匯天·Xpeng)은 플라잉카 상용화 추진에 이어 새 개념의 분리형 플라잉카 파일럿 제작에도 박차를 가하고 있다. 이들을 나를 차량의 이착륙장 격인 '육지항모(陸地航母)' 도 모습을 드러냈다. 분리형 플라잉카는 자동차 모듈과 비행기 모듈로 구성. 땅에서 자동차로 달리다 비행 모듈로 전환해 하늘을 나는 모빌리티다. 자동차와 비행기 일체형 플라잉카도 개발 중이다.

간략히 그려본 중국의 저고도경제 구상 어떤가? 스타트업과 거쉬업 역량이 세상을 어떻게 바꿀 수 있는지를 보여주기에 손색이 없다. 트리클다운의 한국을 돌아보자면 참담하다. 레저용 드론 하나 날리는데도 온갖 규제가 따른다. 상상력과 도전을 진작 접지 않으면 화병으로 드러누워야 할 판이다.

All for All

'올 포 올' 이전에 '올 포 원'.

한 명을 위해 모두가 희생한다는 의미다. 80대 20의 파레토의 법칙이 떠오른다. 당신이 입는 옷의 80%가 20%의 옷에 집중되어 있다는 것, 80%의 범죄가 20%의 사람들에 의해 저질러진다는 사실, 당신의 한 달 통화시간의 80%가 아는 20%의 사람들과 이루어지고 있다 등등.

마법의 80대 20 '파레토의 법칙'이다. 경제학자 빌프레도 파레토는 이탈리아 전체 부의 80%를 상층부 20%가 차지하고 있다는 주장으로 센세이션을 불러일으켰다. 곧장 적용 범위는 무한 확장했다.

공식적으로 결과의 80%가 원인의 20%에 의해 일어나는 현상을 뜻한다. 백화점 매출의 80%가 20%의 핵심고객에 의해 이루어지며, 운동경기에서 전체 상금 80%를 20% 선수들이 싹쓸이해 간다는 것도 같은 맥락이다.

신자유주의는 'All for One'이란 극단적 상황을 불렀다. 바닥과 상층부 간극은 더 벌어졌고 좌절은 극에 달했다. 다수 무주택 빈자가 소수 부자를 떠받치는 구도가 고착화했다. 강자가 약자를 딛고 일어서서 격차를 키우는 거다.

'All for All', 모두가 모두를 위하고 서로 떠받치는 사회 안 될까? 그래야 이퀄푸팅의 근간이 되고 사회적 약자와 강자가 갈등하지 않고 공존할 수 있다. 얼마나 아름다운 'All for All'인가?

우리는 자유고 혁명이다

회사의 명성과 연봉, 그것도 고액연봉이라면 더 매력적이다.

유혹을 뿌리치긴 어렵다. 하지만 거기 빠지면 꿈을 잃어버리는 것이나 다름없다. 하고 싶은 일을 하는 게 행복이다. 하지만 진짜 행복은 내키지 않은 일에서 벗어나는 것. 매사에 전전긍긍하는 조직생활의 비애 잘 알지 않나?

한 청년 자영업자가 매장의 의자에 앉아 말한다. "힘들다. 새벽부터 밤까지 16시간을 일해 손에 쥐는 것은 고작 150만원. 소위 잘 나가던 재벌 대기업 때려치고 나와 이 지경이다. 후회하지 않는다. 출근길 5분 지각은 물론 일상의 과제 수행에서 팀장 부장 눈치를 보며 늘 전전긍긍했던 날들, 생각하면 온전히 나를 위해 노력하고 희생하는 지금이 더 행복하다."고 눈물을 글썽인다. 기대와 회한이 엇갈리는 표정이 역력하다.

그래, 스타트업은 돈을 쫓는 게 아니라 자유를 추구하는 거다. 그게 꿈이고 희망이다. 온 가슴으로 일을 하노라면 분명 폭발 분출하는 거쉬업 지점이 있겠지. '우리는 혁명이다'의 비디오 아티스트, 백남준 친구 요셉 보이스를 떠올린다.

너에게 묻는다

연탄재.

혹은 '연탄재 발로 차지 마라'로 알려진 2004년작 안도현의 시

타이틀은 '너에게 묻는다'이다. 굳이 답을 들으려 하지 마라. 무슨 긴 말이 필요하랴? 열정이 없는 자가 부끄럽다.

"연탄재 함부로 발로 차지 마라
너는 누구에게 한번이라도 뜨거운 사람이었느냐".

5 장 전복하다

광기 아닌 창발의 길 열기
-낡은 핵심역량 뒤집어엎어야 산다

전복

나를, 아니 세상을 다시 기획할 시간이다.

돌아갈 수 없는 다리를 건넜다고 생각하라. 아니 돌아갈 배를 불태웠노라 거듭 되뇌라. 그래야 재기획이 가능하다. 리모델링이고 리빌딩이고 리스트럭처링이다. 아무리 다그쳐도 스스로 전복은 쉽지 않다. 타성과 관성이 먼저 꿈틀거리는 탓이다.

누군가 나를, 아니 우리 모두를 가만히 있지 마라며 회초리를 든다. 다시 돌아간다? 바보짓이다. 낡은 룰을 다 깨고 새로운 규칙을 써야 한다. 유명인사의 조언을 들이댈 것도 없다. 지금 제각각의 마음이 간절히 원하는 그대로다.

뉴노멀(New Normal)을 많이 말한다. 뉴뉴노멀 네오노멀(Neo Normal)이라는 용어가 더 적합할지 모르겠다. 뉴노멀은 IT버블 붕괴 직후인 2003년 미국의 벤처투자가인 로저 맥나미가 들고 나와 2008년 글로벌 금융위기 이후 본격 사용된 용어다.

최대 채권운용회사 핌코(PIMCO)의 최고경영자 모하마드 엘 에리언이 저서 『새로운 부의 탄생(When Markets Collide)』(2009년 한국경제신문사)에서 언급한 대로 뉴노멀은 저성장을 부르는 핵심 키워드로 규제 강화, 소비 위축, 미국의 영향력 감소 등이다. 인문학적으로 풀면 탐욕보다는 절제, 고속 성장보다는 지속가능한 성장을 주 관심사로 삼자는 새 흐름이다.

뉴노멀이 얼마나 진정성 있게 글로벌 경제질서를 다잡았는지는 미지수다. 그 세계적 전개 상황은 너무 방대해 논하기조차 버겁다. 대신 우리의 네오노멀을 담론화해 확산시킬 필요가 있다. 메이저 컨버전에 맞춰 트리클다운 유산을 리세팅하고 리모델링해 거쉬업 로드맵을 그려야 하는 당위론이 너무 절박하다.

인터로뱅

?!

인터로뱅(Interrobang), 1962년 마틴 스펙터가 고안한 물음표와 느낌표를 결합한 새로운 문장 부호다. 묻고 느끼는(답하는) 것을 별개의 행위가 아니라 하나로 결합할 때 창의성이 나타난다는 의미가 담겼다.

융복합 혹은 통섭과 일맥상통하다. '왜 그럴까?' 물음표로 궁금증을 유발하고 해답을 찾기 위한 과정에서 크고 작은 각성을 체험하게 된다. 자각이 쌓여 큰 통찰력으로 발전하고 창의성은 극대화하게 마련이다.

문장부호의 착상은 세상에서 가장 짧은 편지와 답장 사연에서 시작됐다. 잘 알 거다. 프랑스의 유명한 작가 빅토르 위고 무명시절 얘기. 그는 몇 번을 망설이다 출판사에 소설 한 편을 써서 보냈다. 읽어본 후 출판 여부를 판단해달라는 의미였다.

시간이 꽤 지나도록 출판사에서 아무런 연락이 없었다. 위고는 출판사에 편지를 보냈다. '?' 며칠 후 출판사에서 답장이 왔다. 역시 단 한 자 '!' 더 이상이 설명이 필요 없는 질문과 답이었다. 그렇게 세상에 나온 작품이 바로 '레미제라블'이라니.

아이작 뉴턴의 만유인력 법칙도 질문력의 산물이다. 당연히 아래로 떨어지는 사과를 보면서 '왜 밑으로 향할까?'라는 물음표를 던진 것이다. 이후 그는 지난한 학습 끝에 만유인력이라는 느낌표를 찾아냈다.

그가 남겼다는(실제는 과거 여러 명사들이 반복하던 경구임) '거인의 어깨 위에서(On the Shoulders of Giants)'는 또 얼마나 겸손하면서도 강한 인사이트를 뿜는가? "내가 더 멀리 보았다면 이는 거인들의 어깨 위에 올라서 있었기 때문"이라는 문장 말이다.

거쉬업이 시작되는 지점도 바로 거기다. 궁금증을 내면의 답으로 이끌어내려는 열정이 ?! 인터로뱅이고 이 마인드가 창의, 거쉬업이니까.

Serendipity

뜻밖의 발견, 세렌디피티.

새 밀레니엄에 설레던 피터 첼섬 감독의 2002년작 로맨스 멜로 영화, 얼마 전엔 방탄소년단 지민의 솔로 노래로도 눈길을 끌었다. 과학과 발명에서 갖는 우연성의 의미를 새삼스레 강조할 필요는 없을 듯하다. 섬씽뉴를 향한 호기심, 미지를 두려워하지 않는 도전이 세렌디피티의 토대다.

영화의 드라마 전개는 놀랍다. 중간 약간의 무리한 설정에도 불구, 우연을 어쩌면 저리 잘 엮어 짜맞췄을까 소리가 절로 나온다. 이것도 우연일까? 남자 주인공의 친구인 뉴욕타임스 기자인 딘 캐스키의 말이 휙 날아와 꽂혔다. "철학자 에픽테토스가 뭐라 한 줄 알아? 더 나은 사람이 되고 싶으면 기꺼이 바보짓을 하라! 넌 이걸 실천한 거야."

에픽테토스는 서기 100년 전후 활동했던 고대 그리스 스토아학파의 철학자다. 부와 명성 등을 거부하고 오직 가르치는 일에만 몰두해 후세에 더 많이 회자되며 뒤늦게 거장 철학자 반열에 올랐다. 바보짓인 줄 알면서도 우연을 말하고 찾는 게 에픽테토스의 말과도 맥이 닿는다.

냉정하게 말해 현실에 세렌디피티는 없다. 사실 우연성은 미신 같은 것이어서 현대성에선 배격 요소다. 하지만 힘들어 지친 자들에게 그것은 한 가닥 희망을 남긴다. 우연한 행복의 기대마저 포기할 수 없는 일.

중요한 것은 사회적 가치에 대한 고민을 병행해야 한다는 것.

판타스틱 액션영화 '고스트 버스터즈' 시리즈에서 보듯 버스터 (Buster) 즉 파괴자의 길은 험하고 고달프다. 그러나 그들만이 우연과 조우하는 특권을 누린다. 뻔한 길을 안전하게 갈 건가, 아니면 리스크 가득한 세렌디피티에 도전할 텐가?

메디치 이펙트

학제연구 융복합 통섭.

한때 시대를 풍미하던 단어들인데 요즘 뜸하다. 4차 산업혁명이라는 용어 또한 마찬가지. 신조어 유행 여부에 촉각을 곤두세울 일은 아니지만 몸통마저 함께 기력을 잃은 듯해 기분이 묘하다.

고전적 표현으로 '메디치 이펙트(Medici Effect)'. 거듭 강조해도 지나치지 않다. 서로 다른 요소의 결합성과가 같은 요소의 단순합보다 크다는 함의는 결코 변치 않는다. 15~16세기 이탈리아 피렌체를 다빈치 미켈란젤로 라파엘로 브루넬레스키 단테 마키아벨리 등이 '천재 도시'로 키운 것도 그 힘이다.

메디치는 은행업으로 쌓은 부로 학문과 예술을 후원해 피렌체 르네상스 발현의 토대를 닦은 이탈리아 최고 명문가다. 코시모 데 메디치는 피렌체공화국과 메디치은행을 엮는 방식으로 예술가 후원을 시작했다.

오스만투르크 지배를 피해 온 동로마 철학자 과학자 예술가를 한 공간에 머물게 하며 지식을 공유해 갔다. 포럼이란 단어도 거기서 시작했다. 코시모의 손주 로렌초 데 메디치는 기술과 자유 7과목(문법 수사학 논리학 3학에 대수학 기하학 천문학 음악 4과를 더한 것)의 결합으로 르네상스를 꽃 피웠다.

다름을 인정하는 것은 물론 적극적으로 받아들여 뒤섞어야 한다. 그게 창의력으로 분출하고 결과의 파이는 웃음꽃을 부른다. 반대로 제각각의 자리에서 칸막이 치면서 제 밥그릇 챙기는 일에 급급하면 끝내 벼랑이다.

브리 콜라주

'여러 일에 손대기'란 의미의 프랑스어.

브리 콜라주(Bri-colage)다. 인류사회학자 레비 스트로스가 '야생의 사고'에서 새롭게 의미를 부여해 산업적 의미를 띠게 됐다. 프랑스 식민을 경험한 아프리카 국가에서 브리 콜라주는 작은 공간에서 임시변통 수리하는 손재주로 변형됐음을 지적한 것. 그것은 스타트업 차고창업의 원형질로 시선을 사로잡았다.

서구인들이 차고 벽쪽에 각종 공구와 작업대를 놓고 이것저것 뚝딱뚝딱 고치고 만들어내는 문화. 그들에게 차고창업은 자연스러운 현상이다. 차를 잠깐 외부주차하면 차고는 바로 작업실 겸 작은 공장이 된다. 그렇게 휴렛팩커드에 이어 애플 아마존 등이 탄생했다.

지금도 샌프란시스코 팔로알토 스타트업 본거지에선 차고마다 새 생명력이 꿈틀댄다. 그게 안 되는 곳에선 한 달 100달러짜리

허름한 공간에서 각종 공구와 장비를 공유하며 스타트업 도전을 이어간다.

우리에게 브리 콜라주 DNA는 생소하다. 아파트 주차공간을 떠올리면 피씩 쓴웃음이 나올 것. 우리네 스타트업 생태계는 그만큼 취약하다. 손대야 할 곳이 너무 많다.

돌파전략

돌파전략, Break through Strategy다.

벼랑끝 선택일 경우가 많은데 과거 영광을 불렀던 핵심역량을 들고 나오면 사태는 더 악화하게 마련이다. 즉흥적인 나홀로 결단은 치명적 결과로 이어질 우려가 다분하다.

위기면 잠시 거리를 두며 생각하고 상상하라. 같이 둘러앉아 대화하고 토론하면 길이 열린다. AI 메타버스 IoT 시대에 안 되면 되게 하라는 막무가내 도전 경영이 어디 어떻게 자리하겠나? 정 안되면 충격요법까지 염두에 둬야 한다.

위기 본질과는 무관하더라도 일단 틈을 만들어야 구체적인 방안이 틈입할 여지를 남기는 거다. 예상치 못한 카드를 던져 흔들어야 하는 이유다. 지금처럼 나라가 꿈쩍도 하지 않는 때일수록 틈을 만드는 돌파전략이 긴요하다. 잠시 숨을 돌리며 상상력을 작동하라.

핵심역량 폐기

영어로 Core Competence, 핵심역량이다.

어떤 분야에서 성공하고 일가를 이룬 근원의 힘을 의미한다. 우리에게 그걸 말하라면 죄다 안 되면 되게 하라, 죽기 아니면 까무러치기, 빨리빨리 정신, 압축성장 신화 등이다.

경영학에서도 위기관리 전략으로 핵심역량을 다시 찾아 나선다. 하지만 대개는 과거 영광을 자화자찬하거나 불도저 밀어붙이기식 흘러간 옛노래만 불러 젖히기 일쑤. 문제해결에 전혀 도움이 되지 않고 오히려 발목을 잡는다. 낡은 레퍼토리 커버송으로는 아무 것도 못한다.

As is, To be

보고서 작성으로 떠나보내는 내 청춘.

청년들의 하소연이다. 요즘은 그것을 파워포인트 문건으로 장식하느라 또 골머리를 앓는다. 온갖 차트 기교까지 동원하니 마치 경연을 하는 듯하다. 물론 콘텐츠가 알차고 외형으로도 돋보이는 게 최선이다. 하지만 낭비적 요소가 너무 많다.

회사도 공무사회도 정형화한 보고서 포맷이 있다. 예컨대 문제 제기 배경 경과 등을 앞머리에 잔뜩 나열한 다음 문제점을 기술하고 해법을 붙인다. 뒤로 갈수록 꼬리를 흐려 정작 중요한 돌파전략은 말 돌리기식으로 모호하게 처리하기 일쑤. 보잘 것 없는 디테일을 근사한 단어로 치장해 커버하기 바쁘다.

과제가 떨어지면 일단 과거 제출했던 유사 리포트가 있는지 여부부터 챙긴다. 그러고는 시간을 흘려보내다 막판에 낡은 자료의 시제를 오늘이나 현재로 바꾸고 그럴 듯한 워딩 몇 자 붙이면 끝.

참신하게 리포트를 작성해도 낙타 바늘구멍 뚫기다. 어김없이 감당하지 못할 내용을 왜 올렸냐는 핀잔이 돌아온다. 다시 붙들어 고치고 또 고치고, 결국 옛날 리포트 그대로다. 새로운 시도와 도전은 서로 피곤하다. 누가 욕을 해도 뻔할 뻔한 선택을 할 수밖에 없다. 학습된 무력감, Learned Helplessness의 전형이다.

그래서 등장한 것이 'As is, To be 프레임'이다. As is는 '현재 상황', To be는 '이상적인 지향점'이다. 거두절미하고 단도직입 닥친 문제점을 기술하면서 해결책을 다는 방식이다. 말미에 덧붙이기로 종래 앞부분에 주렁주렁 달았던 전제를 간략하게 기술하면 된다.

To be, 곧장 본론으로 들어가 해법에 무게를 실어야 한다. 앞부분에 그것을 배치하도록 종용하면 대충 넘어가긴 부담이다. 다양한 대책을 제시하자면 여러 사람의 의견 수렴과 창의적 아이디어 발굴이 불가피하다.

'As is, To be 프레임'식 보고서 혁신 어떤가? 간단명료한데다 요령을 피우기 어려운 게 최대 매력이다. 여기에 맞춰 파워포인트 포맷 두세 개를 정형화하면 시간 낭비도 덜할 것. 특히 공무사회가 이를 통해 변화의 바람을 일으키면 좋겠다.

잘했어, 실패

페이스북에 한동안 이런 글이 떠돌았다.

이영아 국민대 게임교육학원 교수 바이라인이 달려 있다. 미국 샌프란시스코 실리콘밸리 발이라는 지적도 있어 정확한 소스는 불분명하다.

"4살 아들이 스마트폰 게임을 하다 'Fail'이 뜨자 좋아했다. Fail이 무슨 뜻인지 물으니 '실패'라고 답하더라. 다시 실패가 뭐냐고 묻자 아들이 '다시 하는 거야'라고 했다."

이런 아이들이 자라고 있는 게 희망이다. 어른들이 아이들을 멘토 삼는 역멘토링의 대상이어야 함을 일깨우는 장면이다.

실패 예찬, 도대체 가능한 일일까? 초창기 구글은 'Fail-well'이란 표현으로 직원의 도전을 유도했다. "실패했다고? 잘 했어!" 정도의 의미를 지녔다. '불합격하다'는 영어 단어도 그냥 Fail 아니라 Failwell을 많이 사용한다. 그만큼 실패를 용인하는 사회 풍토가 일반화해 있다는 의미다.

그들에겐 또 실패는 그냥 실패가 아니라 'Honorable Failure'다. '명예로운 실패', 어떤 이는 '성실 실패'라고 번역해 사용한다. 주어진 과제를 실패하면 조직을 떠나는 게 당연했던 우리의 경우와는 판이하다. 거기서 창의 창조 창발이 시작되는데 우리는 죽음이다.

실리콘밸리에서 실패는 도전의 흔적이고 훈장이다. 여기저기서 열리는 페일컨(Fail Conference)을 온라인 생중계하는가 하면 실패 박물관을 통해 온갖 실패 사례를 공유한다. 그렇게 실리콘밸리는 '실패의 성지'이자 '스타트업의 천국' 같은 닉네임을 얻었다. 도전자들은 오늘도 'Fail Fast, Run Fast(빨리 실패하고 급히 내닫자)'를 되뇌며 어디론가 나아간다.

실패를 바라보는 우리 기업문화도 많이 달라졌다. 오너가 공개적으로 실패에 책임을 묻지 않겠다며 도전을 독려하기도 한다. 하지만 잠시뿐, 밑바닥에서 올라오는 도전은 책임지기 꺼리는 중간관리자나 임원에 의해 소리 없이 차단되는 게 보통이다. 쿼바디스 도미네(주여, 어디로 가시나이까) 기도가 절로 나온다.

Una Mas

우나 마스.

'One More Time'이란 의미의 스페인어다. 거장 트럼펫터 케니 도햄이 1963년 내놓은 재즈앨범 타이틀로 더 유명하다. 재즈 명반으로 꼽힌다. 그러다 요즘 우나 마스는 실패를 용인하는 기업의 연구개발 생태계를 지칭하는 용어로도 사용된다.

실패 괜찮아, 또 도전하는 거야, 우나 마스다. 실패에 책임을 물으면 도전은 사라진다. 퍼스트 무빙은 상상도 못한다. 오직 표절과 눈치만 횡행할 뿐, 잘 해야 패스트 팔로잉 정도다. 그것은 몰락의 다른 말이기도 하다. 우나 마스를 외치는 세상에는 희망이 있을 터.

규제완화

이제 기대를 다 접은 단어, 규제완화다.

규제도 지겹지만 실패를 거듭하는 규제완화는 견디기 어렵다. 공무원들은 "지금 내가 행하는 게 규제일 리 없다"는 신념을 버릴 요량이 아니다. 그러면서 규제를 오늘 자신들의 권력, 내일 무엇인가를 담보하는 수단으로 써먹는다.

밑바닥에서 끓던 창의적 스타트업은 본격 산업화 초입에서 만난 규제에 주춤, 여러 번 계란으로 바위를 치다가 결국 포기한다. 당연히 열기는 식고 없다. 일부 두뇌와 창업 아이디어는 해외로 흘러나간다. 브레인 드레인(Brain Drain)이다. 다시는 이런 규제의 세상에 돌아오지 않겠노라 저주까지 내뱉는다.

다른 국제 비교지표를 들이댈 것도 없다. 세계경제포럼(WEF)이 꽤 오래 전 발표한 '2015년 국가경쟁력 평가'에서 한국의 금융시장 성숙도 순위는 전년보다 7단계 하락한 87위를 기록했다. 아프리카 르완다 28위, 우간다 81위인데 87위라니 충격적이었다. 통상 80위 초반을 맴돌았는데 그해 유난히 낮았다.

당시 금융위원회는 "WEF 평가결과에 그간의 금융개혁 추진 성과 등이 반영되지 않았다. 금융분야 개혁성을 체감할 수 있도록 규정 개정을 신속히 추진하겠다"고 즉각 반응했다. 이후 이 지표는 국내 언론에서 사라졌다.

역대 정부는 규제완화를 핵심 정책목표로 삼았다. 대통령이 직접 나서 간절히 호소할 정도로 절실했다. 이명박 정부의 '전봇대', 박근혜 정부 '기요친', 문재인 정부 '샌드박스' 그리고 이어진 윤석

열 정부 '포괄적 네거티브제'이다. 하지만 과거 결과는 죄다 참담했고 앞으로도 마찬가지일 거다.

두더지잡기게임(Whac-a-mole Game) 식이다. 여기 한 마리를 잡으면 저기 한 마리 튀어나오고 나중에는 두 마리가 같이 얼굴을 내민다. 어렵게 규제 셋을 폐기하면 얼마 후 더 강력한 규제 하나가 슬쩍 끼어드니 방법이 없다. 특히나 국회의원들이 자랑스럽게 입법화하는 법률의 상당수도 새 규제다.

그들 모두에게 규제는 권력이다. 권력은 카르텔화해 굳건한 벽을 쌓는다. 누군가 공격을 하면 다 같이 손을 놔버려 시스템 자체가 올스톱. 여기 대고 '잘 했어, 실패'나 '명예로운 실패'를 말하는 것은 사치다. 자포자기 패배감만 흘러 다닌다. 도대체 어디서 거쉬업의 불씨를 찾아야 할까?

혁신 불씨는 어디서 오나?

혁신은 PDI 및 GI와 비례해 활성화한다.

이 분야 선진국 전문가들이 말하는 기준이다. PDI는 Power Distance Index 즉 권력거리지수, GI는 Gay Index 약자로 동성애 허용지수다. 전자는 우리의 실상을 그대로 반영하고 있고 후자는 문화적 차이로 거부반응을 일으키는 사람이 많을 듯하다.

PDI. 네덜란드 사회심리학자 기어트 홉스테드의 연구 결과다. 권위와 위계질서가 사회 혁신 생태계에 얼마나 부정적인가를 실증한 것으로 내가 말하는 과잉의전의 경고 그대로다. 핵심은 사회의 자유로운 바람이 혁신의 불씨라는 것.

언제 조사 발표였는지 불분명하게 떠도는 데⌐,
라질에 이어 2위, 그 뒤를 멕시코 필리핀이 따랐다. ⌐
는 뉴질랜드 호주 남아공 아일랜드 미국 등 도시를 중심⌐
자유의 바람이 18세기 중반 산업혁명의 토대가 됐듯 지금의 인⌐,
스트리 4.0도 마찬가지다. 권력거리지수를 낮춰야 상상력에 불이
붙는다.

GI. 왜 하필 게이고 동성애냐며 찜찜하게 생각할 필요는 없다.
마음이 받아들이지 못하면 일단 유보하되, 자유의 바람이 곧장 혁
신력으로 이어진다는 믿음을 강화하는 것으로 족하다. 자유로운
생태계 조성이 거쉬업의 펀더멘털이다.

20% 룰

여유와 여백은 낭비가 아니다.

조직운영에서 근무시간의 20%를 일과 무관한 것으로 돌리면
어떨까? 미국 3M이 최초로 30% 여백을 제공한 이후 구글에서
20% 룰로 자리 잡은 경영방식이다. 일에 얽매이지 않으면서 상상
력을 키워가라는 주문인데 속된 말로 직원을 자유롭게 풀어먹이
라는 것.

직원은 갑자기 주어진 자유시간을 어찌 보내야 할지 몰라 안절
부절 못하다 서서히 20% 공백에 적응해 간다. 거리를 두고 일을
돌아보면서 스스로 달라져야 하고 조금씩 달라지고 있음을 실감

‖ 근육이 붙는다. 급기야 근육질 상
　，에 빠져 비효율적으로 일에만 몰두하는
하기 때문. 됨 이른다.

상력의 타이트하고 숨 막히게 짜진 미국회사에서만 그런
것터. 0%와 100% 사이를 오가지 말고 개념 있게 20% 자
－운 공간에서 허우적거려 보자. 여백과 여유는 변화만큼이나
소중하다.

피들링 두들링 포터링

하릴없이 만지작거리고 백지에 낙서하고.

Fiddling Doodling이다. 피들 두들이라는 어감 자체에서 권태
가 느껴진다. 일에 집중하기 힘들 때 테이블 위 물건을 매만지거
나 회의장에서 논의가 지루하게 전개될 때 백지에 의미 없는 도형
과 형상을 끄적거리고 낙서를 해댄다.

실례일 우려가 다분하다. 하지만 그것도 안 통하면 자리를 떠나
으슥한 구석에서 빈둥거리거나 서성이는 것도 좋다. Pottering이다.

피들링 두들링 포터링은 경영학의 관점에서도 주목거리다. 상
습적 권태주의는 낮고 죄악이지만 순간순간의 권태주의가 갖는
창의성과 위기 돌파력을 높이 사는 것이다. 잡념은 사라지고 간혹
은 엉뚱한 아이디어가 떠오르기도 해 무시하기 힘들다.

구글 등 혁신기업이 사무실 내부와 통로 등 벽을 화이트보드로
인테리어해 필기도구 마커를 올려놓는다. 피들 두들 포터 하고픈

시간, 거기 머물며 잡담이라도 주고받으라는 거다. 일을 따라 분주하게 오가던 직원까지 잠시 기웃거리며 말을 보탠다.

그들이 떠난 뒤 화이트보드에는 흔적이 남아 빛난다. 어지럽고 난해하다. 간혹은 낙서 같은 문구와 도형에서 스타트업 아이디어가 나오기도 한다. 해본 사람만 알고 고개를 끄덕이는 얘기다.

권태는 여백이고 여백은 20% 룰과도 일맥상통한다. 주의산만 딴전펴기 빈둥거림 등 부적절한 행위가 엉뚱한 아이디어 포착과 분출 에너지 충전의 계기로 삼을 수 있다는, 그야말로 괴짜 발상 어떠신가?

티핑 포인트

저널리스트 말콤 글래드웰의 2000년 저서 타이틀 'Tipping Point'.

균형점을 깨뜨리며 뒤집히는 지점을 의미한다. 내적으로 에너지를 쌓다보면 어느 순간 그런 때가 온다는 지적이다. 하지만 우린 에너지를 순간순간 분출 소진하며 살았기에 그런 지점을 만나기 쉽지 않다.

4차 산업혁명도 마찬가지다. 여기저기 내건 구호만 보일 뿐, 정확히는 근본적인 고민은 없이 정부의 공짜돈이나 타낼 궁리만 하다 유행병처럼 사라져 조용하다. 지자체마다 스마트시티를 말하지만 그것도 결국엔 아파트와 물류창고나 짓고 말 것 같은 느낌이다.

어디에도 조용히 내 안에 힘을 축적해 티핑 포인트 넘어 새 세상으로 뛰쳐나갈 생각은 없어 보인다. 이 정책 저 정책 던지다간 누더기 나라가 되는 줄 잘 알지 않나? 인기 영합은 쥐약이다. 거쉬업의 원점이 바로 티핑 포인트일 수 있겠다. 밑바닥에서 부글부글 끓어오르는 그 무엇.

말콤 글래드웰이 그런 언론인이었다. 영국 태생으로 캐나다에서 성장, 토론토대에서 역사학을 전공하고 워싱턴포스트 기자가 됐다. 이후 뉴요커로 자리를 옮겨 언론인 생활을 더하고는 칼럼니스트 겸 집필가 활동을 했다. 역사학 인류학 문학 경영학 등을 융합해 티핑 포인트에서 특유의 글쓰기를 이어갔다. 그가 『티핑 포인트』 책을 펴낸 것은 필연.

나를 분실물 취급하기

우연한 만남.

지금 같이 딱 정해진 룰을 따른다면 길을 잃을 일이 없다. 거리를, 사무실을, 공장을, 혼자 걸어보라. 이미 정해진 코스를 가서는 허깨비 신세를 못 면한다.

발은 매번 공중걸음이지만 자신은 뭘 좀 아노라, 뭔가 열심히 하고 있노라 착각하게 마련이다. 가짜 허상만 가득한 길을 아무리 비집고 다닌들 무엇 하겠나? 이미 마사지가 된 상태를 아무리 살피고 뜯어봐야 진실을 보긴 역부족이다.

길을 잃어봐야 새 길을 찾는다. 그래야 어둑한 곳을 알고 어딘가에 숨은 새 출구를 만난다. 낡은 나를 분실물센터 구석진 곳에 처박아라. 그리고 새로운 나를 찾아 길을 나서보라. 몸을 낯선 곳에 내던지지 않고선 혁신은 헛말이다.

새 세상과 조우도 그렇게 시작한다. 나를 분실물로 만들 각오와 의지가 있어야 새 의미를 만들 수 있다. Lost&Found Rule이다. 새로운 나를 만나고 싶은가? 혼자 다니며 스스로를 분실물처럼 다루는 연습이 긴요한 시절이다.

간혹은 잘못 탄 열차가
우릴 더 멋진 곳으로 데려 간다

우릴 더 멋진 곳으로 데려간다

간혹은 잘못 탄…

인도 속담이다. 얼마나 당혹스러울까? 다른 열차를 탔다는 걸 언제 알았든 간에, 긴장상태에서의 선택은 일을 그르친다. 차분히 숨을 고른 다음 생각하라.

여러 경우의 수가 생겨나게 마련이다. 다시 애초 목적지로 향하는 열차편으로 갈아타야 하는 경우도 있고 그렇게 도착해봐야 이미 상황이 끝나버린 경우까지. 포기할 수 있으면 잘못 탄 열차의 종점까지 가보라. 비록 낯설지만 설마 돌부리와 속임수만 난무할 리야!

아무도 모르는 곳에서 잠시 방황해보라. 희한한 춤을 춘들 누가 뭐라 흉보겠니? 예기치 않은 색다름을 음미하며 일탈을 경험할 수 있으면 더 좋다. 간혹은 엉뚱한 기회나 행운을 만날 수 있으리라는 상상까지.

안 되면 되게 하라고?

군대식 구호, 안 되면 되게 하라.

우리는 이 끝장 여망을 실행역량으로 극대화해 오늘에 이르렀다. 제법 괜찮게 일어서서 OECD국 명예도 얻었다. 하지만 2008년 세계금융위기 이후 우리만 15년째 수렁이다. 지식이 아니라 상상력이 필요한 시점에 실행역량의 한계에 부닥친 거다.

서울대 이정동 교수의 말로는 개념설계 역량 부재다. 1단로켓 추진체를 떼내고 2단로켓을 점화해야는데 여전히 1단로켓을 달고 있으니 스케일업이 될 리 만무. 그것을 막연한 기업가 정신 혹은 애니멀 스피리트 운운 풀어봐야 허사다.

1단로켓 실체 파악이 중요한데 그건 바로 의전이다. 조선말 고종은 공화정으로 나라의 기틀을 고쳐 잡아도 늦을 시점인 1897년, 느닷없이 대한제국을 선포하며 빚으로 황제국 의전의 길로 치달았다. 달콤한 의전의 유혹은 지금까지 이어져 세계 최강 의전국 불명예 타이틀이 됐다. 세상에 이런 의전의 나라가 없다.

통렬한 성찰이 필요하건만 정치인과 고관 모두 의전에 싸여 앞을 보지 못한다. 덕지덕지 달린 의전을 떼고 몸집을 가볍게 해야 2단로켓 불을 붙일 수 있건만. 정작 나라는 화려한 의전을 훈장처럼 달고 근사한 모습으로 죽어간다. 누가 말려도 말려야 하거늘 고양이 목에 방울 달기다.

Copy cat

카피캣, 베끼기 즉 표절이다.

한때 me too!라고도 했는데 그게 성추행 성폭행의 상징어가 되는 바람에 카피캣만 남았다. 누가 뭐래도 우리는 카피캣 세계적 선수, 그렇게 패스트 팔로해서 오늘에 이르렀다.

베끼되 약간만 창의적으로 비틀면 제2 창조로 간주되고 심지어 철학자 장 보르리야르는 시뮬라크르(Simulacre) 개념을 통해 실재하지 않는 대상을 존재하는 것처럼, 때론 존재하는 것보다 더 실재처럼 인식되는 대체물을 논하지 않았던가?

그렇다, 더 멋있게 베끼면 창조의 의미를 갖는 거다. 근데 상투적 카피캣만 갖고 노는 게 일상화되면 AI 메타버스 등 인더스트리 4.0에 맥을 댈 수가 없다. 우린 세계에서 물건을 가장 잘 만들지만 왜 만드는지를 모르기에 다른 창조로 나아갈 수 없고 실행역량은 출중하지만 개념설계 역량이 바닥이니 퍼스트 무빙은 남의 일.

어정쩡한 스탠스다. 잠시 머뭇거리면 거센 추격전에 밀리고 끝내 낙오한다. 걸핏하면 카피캣 중국을 말하며 비난의 화살을 돌리는 것도 난센스다. 우리는 얼마나 멀쩡하고 창의적인지 돌아보자. 낡은 핵심역량 막강 카피캣 타이틀. 벗어던질 때가 이미 지났다.

흘러간 강물은 돌아오지 못 한다

시간은 강물처럼 흐른다.

물론 돌아오지 않는다. 특히나 이런 기술변혁의 시대에 조바심이 더할 건 당연한 일.

시몬 드 보부아르를 떠올린다. 온몸으로 여성해방을 앙가주망했던 여성 지식인이다. 1929년 사르트르와 2년 계약 결혼했다 사실상 종신계약으로 연장해 화제를 부르며 더 유명세를 탔다. 보부아르는 당시 기술사회에서 경험과 지식은 세월 따라 의미 있게 축적되는 게 아니라 낡아버리는 것이라 했다.

그래서 수많은 경험도 지식도 믿을 수 없다는 것. 물론 맞는 말이지만 비관적일 필요는 없다. 보부아르가 떠난 이후에도 세상의 지식과 기술은 더 엄청난 무게로 쌓였기에.

낡음을 떠받치는 새로운 무엇은 어딘가에 있다. 청년정신(Youth Spirit)이고 청년활력(Youth Vitality)이다. 지금 이 순간 세월은 강물처럼 흘러 떠내려간다. 지식과 경험은 물론 낡아가지만 한때는 소중했다. 가격으로 치지 못하는 가치다.

좀비

미국 뉴욕시립대 폴 크루그먼 교수의 말.

'좀비'와 '좀비 아이디어'가 판을 친다. 이미 쇠멸됐어야 할 영혼이 비척비척 걸어 다니며 사람들의 뇌를 파먹고 있다는 것. 무덤에 들어가고도 남을 가련한 영혼들이 살아 온갖 헛소리를 해대는 것의 비판이다.

좀비는 한국에서 '꼰대'라는 용어로 살아 움직인다. 미국에서는

'OK부머', 일본의 '로가이(老害)'도 비슷한 뉘앙스의 신조어다. 노인을 청년들의 활약을 훼방하는 해악의 대상으로 삼고 있는 것. 세계적으로 암묵적 세대전쟁을 치르고 있다고 해야 할 판이다.

청년들은 기성세대의 이런 말에 넌더리를 낸다. "요즘 젊은 것들, 뭘 안다고 나서? 기본이 돼 있질 않아, 버릇없이!" 그래서 꼰대라고 비하하거나 투명인간으로 취급하며 외면하며 돌아선다. 고령자를 도매금으로 꼰대화 하는 바람에 괜찮은 노인조차 설 땅이 없다.

일본의 로가이는 '자쿠가이(若害)'란 신조어로 반격을 가하고 있다. 공중도덕을 무시하는 청년층의 막가파 행동은 물론 무작정 급진적 변화와 세대교체를 내세우는 청년을 비난하는 것. 이에 일본의 청년은 하류노인 폭주노인 운운 고령자를 또 몰아세운다.

크루그먼의 좀비도 우리의 꼰대도 일본의 로가이도 나이로 가늠되는 것은 아니다. 서로 세대의 특성과 자존심을 존중하면서 제각각의 나이에 걸맞은 지혜와 창발성을 존중하는 태도가 중요하다.

맥킨지 'Boiled Frog' 경고

맥킨지 보고서.

우리 경제경영학자와 정책가들이 가장 신뢰하는 컨설팅사 리포트다. 이 회사는 2023년말 펴낸 '한국의 다음 상승 곡선(Korea's next S-curve)'에서 'Boiled Frog(끓는 물 속 개구리)'를 들고 나왔다. 조선일보 첫 인용보도(2023년 12월12일자) 이후 다른 언론사들이 뒤를 이었다.

"개구리는 달아오르고 있는 위기의 물에 삶겨 죽기 진전이다. 물이 식기를 기다리지 말고 빨리 뛰쳐나와야 한다. 달라진 큰 틀에서 개구리가 마음껏 뛰어 놀게 해야 2040년 1인당 국민소득 7만 달러의 세계 7대 경제강국으로 도약하게 될 것." 대략 이런 주문이었다. 7대 강국 운운 우리 구미에 딱 맞게 썼다 싶다.

세부적인 지적사항은 ① 급속한 고령화 출생률 급감으로 인한 인구구조 변화 ② 낮은 노동 생산성(선진국 대비 약 70%) ③ 대기업 중소기업 격차 지속 ④ 후진적 기업지배구조로 인한 주식투자 부진 ⑤ 스타트업 생태계 부실과 벤처투자 미성숙 등.

해법으로 내놓은 것은 ① 산업구조와 비즈니스 모델 개편을 통한 생산성 향상 ② 국가지원 등을 기반으로 한 원천기술 확보 ③ AI IoT 빅데이터 자율주행 등 미래기술 핵심 인재와 인력 양성체제 구축 ④ 배당과 자사주 매입 등 적극적인 주주 환원정책 도입 등이다. 한마디로 물의 온도를 낮추기 위해 캠퍼주사를 놓는 응급처지 말고 근본적 변화를 도모할 수 있는 급진적이고 과감한 변화, 즉 대전환이 시급하다는 거다.

눈여겨볼 대목은 AI 등 미래기술 핵심 인재 부족, 원천기술 낙후, 스타트업 생태계 부실이다. 2027년까지 AI분야에서 6만 6000명의 인력이 필요한데 5만3000명 정도 공급 가능할 것으로 보이며 개중 고급인력은 5000명에 불과할 전망이라고 했다. 부실한 원천기술은 후발 산업국의 숙명 같은 약점으로 자리하고 있으며 스타트업 생태계는 규제 장벽에 막혀 세계 최하위 수준.

내 식으로 정리하면 개구리는 거의 다 삶겨 사망 직전이다. 아직도 처음 따스하던 온기의 기억에 빠져 뛰쳐나올 궁리를 하지 않는다. 이러다 곧 골디락스(뜨겁지도 차갑지도 않은 이상적 경제상황) 좋은 시절로 돌아갈 거야. 하지만 그건 착각. 절체절명의 시간이 오고 있는 걸. 요컨대 문제점은 트리클다운의 후유증이고 해법은 거쉬업 드라이브다.

바닥 그리고 천장

숏구치기 위해서는 두 가지를 살펴 챙겨야 한다.

하나는 바닥의 에너지 형성, 다른 하나는 공중의 장애물 제거다. 간헐천이 일정 간격을 두고 분출하는 건 내적 힘을 축적할 시간이 필요해서다. 역량의 총합만큼 위로 분출할 것은 당연한 이치. 부글부글 끓어오르는 생태계 조성이 긴요하다.

위에서 무언가로 가로막는다면 숏구침은 꺾인다. 노골적으로 눈에 띄게 설치한 장애물도 있지만 눈에 보이지 않는, 소위 글라스 실링(Glass Ceiling 유리 천장)도 곳곳에 감춰져 있다. 아니 사방이 유리로 된 박스에 갇혀 옴짝달싹 못하는 신세인지도 모르겠다.

글라스 실링이든 글라스 월이든 글라스 박스든 모두 거쉬업의 적이다. 눈에 보이는 제약이나 억압이라면 경계심으로 대응 가능하지만 이건 도무지 방도가 없다. 여기서 청년들은 "그래 내려놓자"는 표현을 앞세워 좌절한다. 샌드위치 꼴로 압사하지 않기 위해서다.

광기의 시대를 떠나보내며

돌아보면 광기의 시대였다.

우리도 그랬지만 세계가 광기로 얼룩져 풍요와 함께 전쟁과 테러에 시달렸다. 광기의 시대를 말하고 논한 현대 철학자, 미셸 푸코와 위르겐 하버마스다.

푸코는 '이성적이고 사회적인 정상인'과 '비이성적이고 반사회적인 비정상인'으로 구분하는 인식을 에피스테메(Episteme, 시대를 지배하는 지식 혹은 과학)라 칭하면서 근대사회의 모순과 폭력성을 지속 고발했다. 하버마스는 인간에 내재된 민주적 이성을 주목해 합리적 의사소통의 길을 제시했다. 서구의 광기는 이런 철학이론을 배경으로 조금씩 다스려졌다.

우린 어떤가? 압축성장의 광기는 아파트 불패의 광란으로 이어졌는데 우리는 그것을 신화라고 불렀다. 요즘 그 흔적을 걸그룹과 보이밴드 등 프로젝트 뮤지션들의 집단댄스와 칼군무에 침투한 듯해 불편하다. 온갖 신화로 포장되고 있어 더욱 그렇다.

광기는 좀처럼 누그러질 기세가 아니다. 차분하고 감동적이어야 할 음악 프로그램은 죄다 경연으로 탈바꿈했다. 절정 부분을 반복 편곡해 펼치는 지르기 경쟁에 시청자는 지쳐간다. 드라마나 영화의 과장 연기도 눈에 거슬리기는 마찬가지. 오죽했으면 막장 드라마 대본을 놓고 연기자조차 오버로 일관한다는 혹평을 냈을까?

터무니없는 광기를 다스려 떠나보내야 한다. 일상의 삶이 전방위 경쟁에 긴장해 번아웃인데 쉬어가는 페이지마저 경쟁의 희열과 쓰라림으로 넘쳐나게 할 수는 없다. 빗나간 광기의 에너지를 잘 추스르면 거쉬업 동력으로 삼을 수 있다. 수직상부로 분출하는 힘을 모을 수만 있다면 광기는 우리에게 약이다.

6장 스낵컬처는 힘이 세다

간결하다고 얕잡지 마
-신나고 놀라운 쇼트 정보의 확장성

스낵

경식(輕食) 간식(間食) 과자(菓子) 등과 동의어.

스낵, 영어로 Snack, 바(Bar)와 결합하면 경식당이다. 오르되브르 샌드위치 핫도그 주스 등 가벼운 식사와 음료를 파는 공간으로 알콜 음료는 취급하지 않는다.

미국 유럽에서는 '카운터 스탠드(Counter Stand)'라 불리기도 한다. 한국에선 일본 유행어 그대로 스탠드바(Stand Bar)다. 일부 술을 곁들여 파는 스낵바도 있어 간편하게 회식을 하는 장소로도 쓴다.

다들 기억할 거다. 1970년대 스낵코너란 이름의 간이식당. 청소년들이 교복을 입고 드나들 수 있는 새 개념의 공간이었다. 간단한 식사와 음료를 즐기는 장소를 넘어 만남과 남녀학생 미팅 장소로도 인기를 끌었다. 그러자 당시 라디오방송과 음악다방의 전유

물이었던 디스크자키까지 등장했다.

식당 겸 카페, 하이브리드하고 모던한 곳에서 학생들은 오늘을 고민하며 내일을 꿈꿨다. 누군가는 스낵이라는 단어가 문명의 큰 줄기가 될 거라 미리 짐작했을지도 모를 일이다.

스낵/스네이크 해프닝

1984년 LA올림픽 사연.

현지 취재를 나온 외국기자 앞에서 우리 여자선수들은 쥐포를 씹었다. 쥐포 인기와 바람은 상상을 초월했다. 1970년대 중반 노점에서 쥐포를 구워 팔기 시작했을 때 여학생은 물론 말쑥하게 차려 입은 숙녀들까지 길거리에서 쥐포를 우물거리고 다녔으니까.

기자가 물었다. "당신들 지금 뭘 먹고 있냐?" 쥐포를 영어로 알 길 없으니 얼떨결에 "스낵(Snack)"이라고 답했다. 당시 유행어 스낵이라는 단어가 자연스레 튀어나왔던 것.

기자가 깜짝 놀라 "스네이크(Snake), 레알 스네이크?" 반문했는데 선수들이 멋도 모르고 "예스, 예스"라 응답했다. 다음날 LA타임스는 "한국 선수들 선수촌에서 뱀을 먹다"를 보도해 소동이 일었다. 그렇게 한국은 스네이크공화국이 될 뻔했다. 물론 오보로 판명 났지만 후유증은 깊었다.

뱀얘기가 나왔으니 사족(뱀 다리)으로 그 많던 쥐치의 행방. 1978년 중앙청에서 열린 전국 우수 새마을지도자 다과회 때 최규하 총리는 말을 던졌다. "쥐치, 다 좋은데 이름이 미학적으로 문제가 있다. 다른 좋은 명칭 없는지 어류학자들에 알아보라." 그러다 10년 뒤인 1988년 경남쥐치포가공조합은 쥐포 대신 복지포라 이름을 바꿔 부른다고 발표했다.

쥐포 아닌 복지포. 엉뚱한 발상의 새 이름은 힘을 받지 못하고 사라졌다. 1986년 연 30만 톤에 달하던 어획량은 최근 연 2천~3천 톤으로 급감했다. 아직 남은 약간의 수요도 감당하지 못해 수입으로 메꿨다.

쥐치 복원운동까지 전개돼 한국수산자원공단 대형기선저인망 수협 한국수산종자산업협회 등이 공동 대응 중이다. 이들 단체는 매년 부산 기장군 앞바다에 쥐치 치어 30만~50만 마리를 지속 방류, 서식장 조성에 힘을 보태고 있다. 2~3년 뒤 10% 정도 성어로 살아 돌아온다는 추산만 하고 있을 뿐이다.

연남서식당

일명 신촌연탄갈비, 연남서시장.

단골들 표현으로 '서서갈비'다. 한국전쟁 때 생계를 위해 잔술에 고기 구워 팔던 대폿집으로 시작, 70년 넘어 이어오는 식당으로 유명하다. 의자도 없이 둥근 탁자에 연탄불을 피우고 고기를 구워 서서 먹는 전형적인 선술집, 스낵형 갈비집이다.

이대현 사장은 12살 때 아버지 이성칠 창업주를 도와 일하다 평생을 연탄불 갈비와 더불어 살게 됐다. 전쟁에 어머니와 여동생을 잃고, 남자인 아버지와 자신이 할 수 있는 거라곤 소금 뿌린

갈비 몇 점을 단출하게 구워 잔술과 함께 내놓는 것뿐이었단다.

손맛을 못 내니 제대로 된 반찬은 물론 양념장조차 테이블에 올릴 수 없었다. 그래서 그냥 서서 가볍게 잔술 몇 잔씩 걸치고 가시라는 의미로 앉을 자리도 없이 서서 먹는 방식을 고수했다.

그 소년이 자라 80세가 넘도록 노포를 지키고 있다. 오랜 단골들은 "없어지지 않고 있어줘서 고맙다"고 하고 주인장은 그 말을 배신하지 못해 오늘도 가게를 연다. 빛나는 스낵형 노포 서서갈비집, 더 오래 그 자리에 있으면 좋겠다. 스낵컬처가 꽃피는 세상을 바라보면서.

편의점

편의점 삼각김밥.

조금 나은 게 컵라면 하나 같이 놓는 거다. 때론 컵밥, 이제는 도시락에 커피까지. 대리기사 택배라이더 등 플랫폼 노동자들이 스낵형 식사를 찾아 편의점으로 몰린다.

그들에게 스낵은 '전투콜'이라 불리는 오더확보 전쟁과 맞물려 있다. 스마트폰 플랫폼에 걸터앉아 먹고사는 노동자의 전쟁 같은 일상에서 스낵은 전투식량, 편의점은 1종 병참기지다.

본디 편의점 식사류는 학원과외로 분주한 초중고생의 간식 창구로 출발했다. 취업 수험생이 여기 가세, 볼륨을 키웠다. 그들은 스마트폰에 뜨는 전투콜만 없지 사실상 전쟁터를 오가는 사람 아닌가?

요즘 들어선 퇴근 후 혹은 주말 집에 머물던 젊은 부부의 식사 장소도 거기다. 일반 직장인 집밥족이 늘어나면서 대안의 식사를 찾아 편의점으로 향한다. 그들에게 알라카르트(A La Carte) 일품요리 외식은 당연히 사치. 약간 격이 낮은 타블도트(Table d'hôte, 영어로는 Table of the Host 주인의 식탁이란 의미)도 있지만 그나마 기념일 때나 가능하다.

오늘도 여기저기 새 편의점이 간판을 내건다. 다른 자영업종과 달리 문을 닫고 사라지는 곳은 거의 없다. 택배 중간기지 역할도 해내고 심지어 택배사업 자체를 부대사업화해 수익을 도모한다. 대형마트 선호도가 정점을 지나 하강하면서 모두 소형 편의점 브랜드를 내고 격하게 경쟁 중이다.

편의점은 영어로 Convenient Store다. 미국 같이 큰 땅덩어리 나라 장거리 운전 때 유용하다. 주유소에 붙여 필요한 간식과 물건을 구입할 수 있도록 연 점포인데 한국의 경우 1988년 세븐일레븐이 효시다. 편의점을 88서울올림픽 선물이라고 하는 건 그 때문.

주유소 등지에서 시작해 시중의 편의점으로 탈바꿈했다. 24시간 영업 룰로 인해 늦은 밤이나 새벽시간에도 불이 켜져 있으니 편리한 가게임에 분명했다. 심야시간 영업 낭비와 부담이 커진다는 하소연에 대여섯 시간 문을 닫는 게 다행스럽다.

2021년 출간된 김호연의 역발상 제목의 소설 『불편한 편의점』이 베스트셀러가 되면서 여기저기 편의점을 붙인 단행본이 유행을 탔다. 편의점 타이틀 달면 기본은 판다는 얘기까지 판다. 이 단어는 웹툰 영화 연극까지 번졌다. 2024년 초엔 『쇼펜하우어의 인생 편의점』이라는 희한한 타이틀의 책까지 출간됐다.

편의점 전성시대다. 스낵컬처와 한몸처럼 움직이는 모습 확연하다. 간편해서 아름다운 스낵, 스낵컬처는 편의점으로 네오노멀이 되고 있다. 심각하지 말자, 간편함이 새 규준이다.

다찌

술집에도 스낵형이 있다.

술을 좀 하는 사람이라면 바로 나온다. 선술집. '목로'라는 나무 탁자를 두고 서서 간단히 마시는 유형, 다찌(立ち 한글 표기법은 다치가 맞지만 여기서는 일상 표기법 다찌로 쓴다)다. 일제 강점기에 서울에서 선술집은 '다찌노미(立ち飮み, 서서 마시기)'란 이름으로 번창일로였다. 글자 그대로 선술집이다.

간이역의 우동도 아니고 술을 선 채로 마신다고? 일본 다찌구이(立ち食い) 알 거다. 우동이나 소바 등을 서서 빠르게 먹고 떠나는 방식의 간이식당 말이다. 다찌노미 다찌구이, 다찌(立ち)가 붙으면 '후다닥' 이미지가 먼저 떠오른다. 술을 그럴 순 없다지만 딱 한두 잔 걸치고 떠나야 하는 인생도 많다.

영국 등 유럽국의 펍(Pub)을 보라. 몇 시간을 서거나 돌아다니면서 맥주를 마신다. 떠들썩한 분위기에 취해 다리 아픈 줄도 모르는 건지 모르겠다. 우리의 경우 간편하게 엉덩이를 걸치는 목로 주점으로 변질됐다.

통영에 가면 '다찌집'이라 불리는 식당이 흔하다. 술꾼들이 즐겨 찾는 곳으로 저물 무렵 퇴근시간부터 영업을 한다. 해삼 멍게 등의

해산물 위주의 기본 안주부터 여러 가지 싱싱한 회에 게찜 같은 값비싼 요리까지 올라온다. 근사하게 차린 잔칫상 같기도 하다.

이건 다찌가 아닌데 왜 다찌를 붙였을까? 정작 당사자들은 다찌란 어원에 무심하다. 대개는 친구를 뜻하는 일본어 도모다찌(友達)에서 왔나 반문하고 만다. 어떤 이는 다찌는 '다 있지'의 줄임말이라고 농을 하며 웃는다.

서점인가, 도서관인가?

서서 신간읽기.

예전에도 서점에서 흔히 볼 수 있던 장면이었다. 아예 통로에 주저앉아 본격 독서를 하는 마니아도 상당했다. 그러다 대형서점을 중심으로 소비자를 배려, 서가를 줄여 테이블과 의자를 놓았던 것.

다들 고개를 갸우뚱했다. 책을 팔아 영업을 하는 서점이 아예 도서관식 객장을 운영하는 게 맞나? 지식문화산업을 영위하는 업주의 사회공헌이자 사회적 책임감 표출이었다. 고객은 서거나 앉아 책에서 자신이 필요한 대목을 정독하며 메모했다. 스마트폰이 도입되면서는 사진으로 찍어 담았다. 영업실적이 어땠을지는 짐작 가능하다.

출판사도 흐름에 호응했다. 경박단소한 콘텐츠를 화려한 북디자인에 실어 대량으로 팔았다. 정통파 출판사들은 세태 운운 불평을 쏟아냈지만 대세를 거스를 수는 없었다. 필자들도 자연스럽게 스낵형 서술에 익숙해져 갔다.

작은 음악회

대도시 중소도시 중심가 곳곳에서 작은 음악회가 열렸다.

JTBC '비긴 어게인' 얘기가 아니다. 버스킹 혹은 가객들의 거리 공연은 오래 전부터 있었지만 뉴밀레니엄의 흥분이 가라앉지 않았던 2000년대 들어서면서 스케일과 품격이 달라졌다. 도심의 공연장 앞마당이나 길거리 너른 공터, 아니면 지하철역 등에서 상당한 규모의 '작은 공연'이 펼쳐진 것.

큰 맘 먹고 음악회나 공연장을 찾지 않아도 됐다. 서울로 치면 덕수궁 돌담길이나 정동길 시청광장. 혹은 세종문화회관 인근 등 직장인 통행이 많으면서 운치가 있는 공간을 찾아가면 어김없이 대중음악 혹은 클래식 공연이 펼쳐졌다. 최소한의 문화욕구를 채우기 부족함이 없었다.

직장인의 점심 자투리 시간을 채우거나 퇴근길 잠시 발길을 붙잡는 문화 공연이었다. 운수가 그리 좋지 않아도 유명 스타 연예인이나 가수를 만나는 건 어렵지 않았다. 간이 의자가 준비됐지만 비기 다반사. 대개는 서서 잠시 공연을 관람하다 종종걸음으로 떠났다. 대략 30분 전후. 다리 버티는 시간과 공연 러닝타임이 거의 맞아떨어졌다. 20세기말은 그렇게 차분하게 달아올라 뉴밀레니엄 깊숙한 곳으로 치달았다.

우선은 익숙한 동선에서 만나는 우연성이 새 시대의 의미를 부여하는 듯했다. 따로 마음을 먹고 문화생활을 위한 시간을 할애하지 않아도 됐고 주머니 사정을 걱정할 필요도 없었다. 스낵컬처는 그렇게 품격을 더해 갔다.

스몰토크

빅 마우스 저명 강사를 불러 진행하는 강연.

그리고 화려한 강사진의 콘택트 행사, 특히 와자지껄한 대면 강연 기피현상이 뚜렷하다. 미팅 얘기가 나오면 줌 회의를 제안하고 큰 행사에는 이런저런 변명을 붙여 빠져나갈 궁리를 먼저 한다.

파이어 사이드 챗(Fire-side Chat)이 떠오른다. 이른바 노변정담(爐邊情談), 난로가에서 불을 쬐면서 나누는 담소다. 1933년 미국의 플랭클린 루스벨트 대통령이 뉴딜정책에 대한 국민의 지지를 호소하기 위해 시작한 담화로 국민들에게 친밀감을 불러일으켰다.

라디오 방송이었으니 물론 비대면 방식. 공식적이고 딱딱한 연설 형식을 버리고 진행된 루즈벨트의 난롯가 담소는 절망에 빠진 미국인을 하나로 만들며 위기에서 구했다.

작은 모임에서 주고받는 사소한 얘기, 스몰토크(Small Talk) 작은 대화가 큰 흐름이다.

굿바이 종이신문

지하철에서 종합일간지가 사라졌다.

새 밀레니엄 2000년대 들어선 직후였다. 3~5년 뒤 스포츠신문도 안 보이더니, 후반 들어서는 메트로류 무가지마저 거의 자취를 감췄다. 순식간에 벌어진 일이다. 신문 펼치고 접느라 벌어지던 가벼운 실랑이가 옛말이 됐다. 사람들은 손바닥만한 스마트폰 단

말기에 눈길을 멈추고 있을 뿐.

짧은 토막시간에 가벼운 볼거리를 간편하게 즐기는 문화의 출현이었다. 시간과 장소에 구애를 받지 않고 즐길 수 있는 스낵과 같다 해서 '스낵컬처'라고 이름 지어졌다. 주식 말고 간식, 그래서 스낵이고 스낵컬처다. 지하철 광고는 순식간에 벼랑에 섰다. 아무도 광고에 눈길을 주지 않았으니 노출효과는 날개 없이 추락했다.

누군가는 그런 풍속을 부정적 시선으로 바라봤다. 신문과 책을 읽지 않아 미래는 불투명하다는 것. 과연 그럴까? 우선 신문 대부분의 뉴스 정보는 포털로 대체돼 실로 엄청나게 소비된다. 심지어는 카드뉴스까지. 대다수 사람들에게 모르는 뉴스정보가 없을 정도다.

웹툰 웹소설 웹드라마 등 소비는 폭발적이었다. 도무지 신문은 물론 작은 책조차 펼 수 없는 지하철 공간에서 스마트폰의 콘텐츠를 즐기는 것은 소소한 재미였다. 간혹은 e북에 이어 웹문서에 올라온 격조 높은 분석 글과 영문으로 된 텍스트까지 읽어댔다. 스마트기기는 읽을거리 볼거리 천국이었다.

모바일 웹 콘텐츠

달라진 문화 소비양태.

스마트기기가 대중화하면서 시장은 급선회했다. 모바일에 최적화한 게임 만화 영상 등 콘텐츠가 등장하기 시작했던 것. 온라인 상에서 인기를 끌던 웹툰이 10분 전후의 모바일 웹툰로 다시 만들어졌다. 6부작 모바일 영화로도 제작돼 디지털 네이티브를 사로

147

잡았다. 러닝타임 30분 전후의 단편영화는 3분 이내 초단편영화로 유행의 물결을 갈아탔다.

바람은 방송 패션 음식 등 다양한 분야로 번져나갔다. 상당수 청년들이 콘텐츠에 빠져 지하철과 버스 정류소를 지나쳤다. 출근길에는 살짝 당황하기도 했지만 퇴근길은 걷기운동도 하고 모바일 웹툰도 계속 볼 겸 슬슬 걸어 집으로 향했다. 보행사고 위험이 도사리고 있었지만 개의치 않았다.

우리는 쇼트다

약칭 쇼츠(Shorts), 정확히는 '쇼트폼(Short-form, 짧은 영상)'이다. 의미 전달에 약간의 혼선이 느껴져 그냥 '쇼트'라고 하자. 으레 그렇듯 새 유행에 'MZ세대(밀레니얼+Z세대)'가 따라 붙는다. 그들은 조금만 길어도 견디지 못한다.

TED 때만 해도 18분짜리 강의 영상을 견디며 시청과 공부에 집중했는데 요즘 웬만한 유튜브 영상은 10분 넘으면 패스고 이젠 1~3분짜리 틱톡 영상이 대세를 이룰 정도다. 거기 기웃거렸던 어른들도 이제는 덩달아 엇비슷한 길이의 콘텐츠를 찾아다닌다.

쇼트 불길은 순수문학까지 옮겨 붙었다. 일정시간 집중해서 읽어야 하는 소설류 독자는 많이들 떠났다. 아직 남아 있는 시 독자를 유인하기 위해 자꾸 길이가 짧아진다. 그것도 의미 전달이 명료한 작품이어야 한다. 시인 나태주가 근 10년 가까이 짧은 시 유행의 시단에서 스타로 군림하는 것도 이색적이다.

나태주 신드롬을 부른 '풀꽃' 전문. "자세히 보아야/예쁘다/오래 보아야/사랑스럽다/너도 그렇다." 2012년 봄, 서울 광화문 교보문고 빌딩 외벽 '광화문 글판'에 이 시가 나붙으면서 MZ세대 사이 돌풍이 됐다. 이후 나태주는 짧은 시의 화신으로 활동을 지속했는데 파급력은 시단 전체로 몰아쳤다.

이러다 전기적 합선, 진짜 쇼트날까 겁을 내기도 한다. 전혀 그럴 거 없다. 정전 암흑을 부르기 앞서 껍질 벗겨진 곳에서 먼저 일어나는 스파크는 작은 지식과 정보의 불꽃축제로 이어질 테니까.

틱톡 놀이터

10대들은 '틱톡'이라는 플랫폼에서 논다.

15~60초 이내의 짧은 동영상 쇼트폼 콘텐츠로 소통하는 SNS 채널이다. 드라마를 담은 콘텐츠마저 10분 이하 짜리가 대세다. 초단편 애니메이션 콘텐츠까지 등장했는데 2019년 시작한 픽사의 '스파크쇼츠(Sparkshorts)'가 대표적이다.

2021년 제93회 아카데미 시상식에서 단편 애니메이션 후보에 오른 '토끼굴(Burrow)'은 이 프로젝트의 일환으로 제작돼 뜨거운 반응을 얻었다. 어린이들도 유튜브 등 스트리밍 서비스와 SNS 짧은 영상에 익숙해져 조금 긴 것은 당연히 패스다.

짧으면 다 선인가? 2020년 1월 나영석PD는 tvN '금요일 금요일 밤에'를 통해 기존 TV에는 없던 쇼트폼 형식의 프로그램을 선보였지만 평균 2%라는 부진한 시청률을 기록했다. 쇼트폼에 걸맞은 콘텐츠와 편집력을 갖추지 못했다는 평이었다. 어쩌면 플랫폼 자체가 부적합했는지 모를 일.

10대의 멘털을 이해하고 따라잡기는 버겁고 역부족이다. 아예 그들과 뒤섞여 뒹굴면서 "의미는 무슨, 그냥 즐기는 거야. 아니면 말고" 식 멘털로 뛰어들어야 한다.

밈노믹스

Meme+Economics.

밈(Meme)은 인터넷 커뮤니티나 SNS에서 퍼져나가는 여러 문화의 유행 파생 모방의 경향을 말한다. 진화생물학자 리처드 도킨스가 처음 제시한 학술용어인 자기복제 성격의 밈을 논하자면 설명이 복잡하고 어렵다.

짧게 정리하자면 '특정 요인에 의한 유행'이고 '유행 요소를 모방 또는 재가공해 만든 콘텐츠'다. 더 콤팩트하게는 '인터넷 모바일 유행 콘텐츠' 혹은 아예 '쇼트폼'.

밈노믹스는 MZ세대가 추구하는 '쇼트폼 경제'다. 5초에서 길게는 15분. 스마트폰을 이용해 틈틈이 즐길 수 있는 쇼트폼 콘텐츠가 산업 전반을 휩쓸고 있는 현상을 말한다. 최근의 전체 광고 중 절반이 1분 이하로 제작된 쇼트폼 영상이다.

'디토(Ditto) 소비'라는 신조어가 등장한다. 디토는 '나도 그래'란 영어 단어다. 틱톡 등 밈으로 노출되는 인플루언스의 쇼트폼 영상을 보고 따라하는 소비 트렌드다. 특히 한정판 제품에 디토

소비는 주효하다. 긴 호흡보다는 짧고 명징한 메시지를 선호하는 MZ세대와 밈노믹스가 딱 맞아떨어진 결과다.

제한된 길이에 원하는 내용의 텍스트를 담기 위해 줄임말을 사용하는 건 기본이다. 동영상으로 소통하는 주머(Zoomer 줌을 쓰는 Z세대)는 데이터 트래픽을 피해 쇼트폼 동영상을 선호한다. 유통업계에서 마케팅에 적극적으로 활용하면서 밈노믹스는 바람이 됐다.

짧은 것이 아름답다

삶이 너무 팍팍하다.

세파가 너무 거센 탓이다. 눈코 뜰 새 없이 사는 시대인이 문화 상품 소비에 기웃거릴 시간이 없다. 그럴수록 문화 갈증은 깊어 자투리 시간에 간식처럼 즐길 문화가 간절하다. 바로 쇼트고 스낵 컬처다.

공급자가 이를 놓칠 리 만무하다. 짧은 시간에 만족을 극대화할 수 있는 공감 소재를 상품화하는 전략을 펼 수밖에 없다. 비디오아트 시대를 풍미했던 싱글채널이나 단편영화도 그들에게는 사치. 게임에 이어 웹툰 웹소설 등이 본격 생산되기 시작했다.

강연이나 지식 프로그램도 자꾸 짧아졌다. 조금만 늘어지면 채널은 바로 바뀐다. 앞부분에서 울리든 웃기든 감동을 주든 구미를 확 끌어당겨야 그나마 중간까지라도 간다. 짤방(짤림방지) 처방이다. 모든 게 두괄식, 역피라미드형으로 전개된다.

극단적인 게 '썰'이다. 문자나 글로 된 콘텐츠라고 해도 짧게 공감과 감동 혹은 재미를 굵게 담아내면 생명력을 갖는다. 썰은 더 간결하고 직설적인 언어로 진화해 많은 유행어를 만들어 유통시키기도 한다. 스낵컬처 흐름의 결정적 단면인 셈.

가능하면 글자 텍스트보다는 그림이나 영상 텍스트로 올려야 한다. 그래야 경쟁력이 생긴다. 유튜브 영상들도 길어봐야 10분 내외, 글자 텍스트에도 그림 한두 장 붙는 게 기본 포맷이 됐다.

카드뉴스는 그 지점에서 생겨났다. 사진이나 그림으로 눈을 먼저 붙잡은 다음 가볍게 글자 정보를 곁들이는 방식이다. 인터넷에서 본 다른 사람의 사진이나 그림에 자신의 재미있는 말을 붙여 포스팅하는 하는 밈(meme)과 움직이는 사진이나 그림으로 붙이는 GIF(Graphics Interchange Format)도 같은 맥락의 인기 스낵컬처. Short is Beautiful!

스낵컬처가 거쉬업 원형질

트리클다운. 정피라미드 양상이다.

안정적 구도지만 어떤 경우엔 그건 사치다. 콘텐츠 소비자의 인내심은 오래가지 않는다. 바빠 살아야 하는 현대인들에 가닿기 위해서 제작자들은 콘텐츠를 더 잘게 쪼개야 한다.

러닝타임 1시간이 넘는 드라마와 예능을 10분 내외의 클립 영상으로 나눈다. 영화는 내용을 전체적으로 훑어볼 수 있는 리뷰 영상으로 줄여 다시 만들고. 애초에 10분이 넘지 않는 웹툰과 웹드라마도 등장했다. 정찬 대신 여러 개 간식만 갖다 놓고 맛을 보며 식사를 하는 모양과 흡사하다.

최초 3~10초에 매력을 전달하지 못한 콘텐츠들은 그냥 죽어나 간다. 콘텐츠 홍수에 휩쓸린 탓이다. 한번 죽으면 패자 부활전조 차 못 치르는 게 그들 세상의 생리 아닌가? 콘텐츠의 매력적인 부 분이 죄다 전방에 배치돼야 하는 이유다. 스낵컬처는 거시업이다.

이 책도 비슷하게 흉내낸 포맷이다. 각 칼럼의 글은 짧은 스낵 형, 칼럼의 연결고리는 느슨하다. 친절하고자 노력하면서 불친절 요소도 그냥 방치했다. 책을 펼쳐 아무 대목이라도 붙들고 읽으면 그만, 앞뒤 칼럼 같이 읽으면 약한 맥락을 잡아낼 수 있을 것. 인 터넷 하이퍼링크 하이퍼텍스트면 간편하게 얼마든지 더 깊이 들 어가고도 남는다. 장황한 설명은 사족이다.

하이퍼텍스트

짧은 스낵형 텍스트의 호흡은 무한대다.

인터넷의 힘은 하이퍼링크로 연결되는 하이퍼텍스트다. 검색 클릭 한 번이면 온갖 자료를 단말기 모니터에 띄워 살펴볼 수 있 다. 굳이 친절하거나 상세한 설명과 묘사가 불필요한 이유다.

노트북이나 PC 앞에서 세상의 지식과 정보를 다 접한다. 블로 그와 단행본은 물론 전문저널 정보까지 열려 있는 채널도 흔하다. 하이퍼링크 기능으로 열어가는 짧고 간단한 스낵지식의 범위와 깊이는 감당할 수 없을 정도다. 스낵컬처의 에너지는 하이퍼텍스 트에서 나온다.

스낵형 강소 콘텐츠

스낵컬처 콘텐츠.

디지털 툴로 쉽게 생산이 가능하다. 다만 크리에이터의 인사이트를 담아야 스낵의 의미를 살릴 수 있다. SNS에 올리는 것으로 생산 활동은 끝나지만 차별점이 있어야 살아 움직인다. 콘텐츠 수요자는 관심이 없는 종목이거나 마음에 들지 않으면 바로 스킵. 필요하다 싶으면 다 뿌리치고 집중한다.

굳이 사무실이나 도서관이 아니라도 무방하다. 길거리 벤치나 버스정류소, 지하철 객차에서도 그들은 망설이지 않고 매달린다. 기성세대는 요즘 애들은 공부를 하지 않는다고 훈계 질타하지만 실제 학습시간은 그들보다 훨씬 길다. 고시나 공무원 시험 아니라면 굳이 정좌할 필요가 없는 세상 아닌가?

중요한 경쟁 프레젠테이션 가던 실무자의 일화. 긴장감 속 지하철에서 습관적으로 뒤적이던 모바일에 눈길이 딱 꽂히는 정보가 하나 떴다. 거기서 캐치한 인사이트를 담아 즉흥적으로 프레젠테이션을 약간 돌려세웠다. 새 카드는 결정타였다. 수개월을 준비해 USB에 소중히 담아 갔던 준비물보다 이동하면서 스마트폰으로 본 스낵형 콘텐츠 하나가 그토록 소중했다는 얘기다.

스낵형 콘텐츠의 꽃은 만화를 상품화한 웹툰이다. 통상 일주일에 한 개 정도 스토리를 담아 올리는데 특정 사이트에 올리기만 하면 수많은 사람들이 몰려든다. 그렇게 웹소설 웹드라마 웹영화 등으로 몸집을 불리며 스낵문화는 확산일로다. 낡은 생각으로 오늘을 보면 필시 오류를 낳는다.

갓 크리에이터

흔히 가늘고 긴 삶을 말한다.

영웅들의 '짧고 굵은 삶'에 맞서는 대구다. 스낵컬처의 핵심 키워드도 '짧고 굵게'다. 채널 돌리기 전에 끝내자! 한때 TV리모컨으로 방송광고가 위기에 몰렸다고 했는데 이제는 스마트폰 때문에 콘텐츠 자체가 위기다.

채널은 그대로인데 손가락만 닿으면 좌우로 위아래로, 기존 콘텐츠는 사라진다. '1분 만에 현웃(현실웃음)' 아니면 '현울(현실울음)'이어야 하는 이유다.

짤이나 짤방도 마찬가지. 짧은 순간에 소비자와 승부하지 못하면 끝장이다. 임팩트란 게 가늘고 긴 개념이 아니라 굵고 짧은 것 아닌가? 밋밋한 크리에이터는 안 된다. 짧고 굵은 킬러 콘텐츠(Killer Contents)로 강한 인상을 남기며 구독자를 싹 쓸어 담는 '갓 크리에이터(God Creator)'가 필요하다.

디지털 기술은 생산과 유통의 대부분의 제약을 걷어냈다. 공급자가 잘만 만들면 소비자를 모여들게 하는 구조다. 예전 같으면 뛰어난 단행본 편집자나 영화 애니메이션 감독이 온 정성을 다해 만든 의미 있는 문화상품조차 온오프라인 유통의 벽에 부닥쳐 주저앉는 게 보통 아니던가?

생산 유통의 장애물이 사라진 시장은 콘텐츠 홍수다. 한정된 시장에서 경쟁은 치열할 수밖에 없다. 창작자나 제작자 입장에서 다행인 것은 잘만 만들어 파급력이 있다 싶으면 시장 승부가 가능하다는 점이다. 모두가 로또를 상상하면서 콘텐츠를 생산한다. 무모하다시피 도전이 계속되는 이유다.

만화 장르에서 종이로 된 만화책과 웹툰을 비교해 보면 이해가 쉽다. 만화책의 경우 제작 공정과 과정이 복잡하고 시간이 많이 든다. 막상 구독하려면 서점에서 구입하거나 대본소를 찾아가야 한다. 하지만 웹툰은 PC나 노트북, 기실은 스마트폰으로 언제 어디서나 즐길 수 있다.

남들에게 말로 알리고 추천해 전파하는 예전 방식 잘 알 거다. 소위 입소문 마케팅이라 불리던 것이 바이럴 마케팅(Viral Marketing)으로 변했다. 인터넷과 SNS를 활용, 상품의 효용성과 강점을 전파하는 것인데 오죽 위력이 컸으면 바이러스의 형용사 바이럴을 붙였을까 싶다. 가늘고 긴 콘텐츠는 가라. 스낵컬처는 힘이 세다!

Pithiness

스낵컬처를 한 단어로 말하라면?

망설일 것 없이 Pithiness, 간결 명쾌함이다. MZ세대 특성 간단 명료와 딱 맞아떨어진다. 무슨 말을 더 보태랴. 거추장스러운 장식들 다 떼고 오직 본질로만 승부한다. 어디든 날아가 의미심장한 메시지를 남기고 사라진다.

본디 피시니스는 무 오렌지 레몬이 물기 없이 푸석푸석하게 되는 바람들이 현상을 일컫는다. 스낵컬처도 자칫 바람들이에 빛을 잃을 우려가 다분하다. 빛과 그림자 양면성인데 스낵의 내실을 다지는 일은 그토록 절실하다.

가벼워서 쉽게 중독되는 경향도 있다. 2023년 옥스퍼드 사전이 등재한 신조어 Snaccident, Snack과 Accident 합성어다. 한 입만 먹으려다 야금야금 다 먹어치우는 해프닝, 그것을 사태나 사고로 간주한 재치가 돋보인다. 장황 모호함을 비난해도 간결 명쾌함을 두고는 대개 칭찬을 앞세운다. 그게 스낵과 스낵컬처의 매력이다.

쇄말성

한자로 瑣末性이고 영어로는 Trivialism.

아주 작고 사소한 부분을 중시하는 것을 의미한다. 문학과 예술 쪽이 아니면 잘 안 쓰는 단어다. 흔히 패션을 논할 때 쇄말성을 얘기하곤 한다. 스낵컬처를 일시 스쳐가는 유행으로 보는 사람들이 쇄말성을 앞세우는 것도 같은 맥락.

유행은 타인과 함께 하면서도 다르게 튀려는 미묘한 욕구의 표출이다. 신기성(새롭고 기이함)과 기능적 선택성(여러 대상 가운데서 특정한 것만 선택하는 일) 같은 단어가 딱 어울린다. 유행이란 일단 시선을 끌어 인기를 누리지만 언젠가는 퇴장하고야 마는 것. 훗날 추억상품 운운 주기적으로 반짝 유행을 탄다. 그럼에도 절대 예전 그대로 재연하지 않고 디테일을 바꾼다. 바로 쇄말성이다.

스낵컬처는 정녕 쇄말성 유행 수준일까? 천만 뜻밖의 말씀. 기술혁신을 기반으로 한 사회변화나 시대흐름과 밀접한 관련이 있기에 시대정신을 발현하면서 새로운 사회질서로 뿌리를 내릴 조짐이다. 경향성(Inclination)일 가능성이 농후하다는 뜻이다.

경향성은 생각이나 형세 따위가 일정한 방향으로 기울어지거나 쏠리는 특성을 의미한다. 일제와 해방공간에서는 그 단어 앞에 사회주의를 달아 좌파적 색채를 띠었다. 예컨대 1920년대 중반 경향파 문예운동이 대표적이다. 낭만주의 백조파와 자연주의 창조파에 반발해 일어난 사회주의 경향의 문학 유파다. 임화 김기진 등이 대표 작가들로 훗날 카프로 계보를 이어갔다.

독일의 철학자 이매뉴얼 칸트는 사람의 욕구를 '경향성'으로 표현하고 정의했다. 스낵컬처가 그 유형이다. 스마트 기기와 미디어를 배경으로 등장한 도시 유목민(Urban Nomad)에게 스낵컬처는 유행에 그칠 수 없다. 그래서 쇄말성 아니라 경향성으로 정의함이 옳다.

엣지

edge, 표준 한글표기법은 '에지'다.

끝 테두리 가장자리란 뜻이다. 썰매 스케이트 스키의 쇠날이나 신발바닥 가죽의 가장자리를 말한다. 대다수 미디어나 전문가는 '엣지'라 읽고 쓴다. 이미 그렇게 일반화된 외래어 한글표기를 굳이 맞춤법 관련 단체나 학회가 나서 '에지'라고 해야 하는지 모르겠다.

"옷차림에 한끗 차 에지를 더하세요!" 이 문구를 본 지 벌써 오래일 거다. 패션이나 스타일에서 많이들 사용했다. 그런데 엣지라 표기해야 진짜 엣지 있고 엣지란 의미가 사는 것 같지 않나?

청년들은 밋밋하고 평범한 것을 거부하고 엣지 있는 걸 찾는다.

정 안 되면 있는 것으로 엣지를 세워 패션을 완성하기도 하고. 그러다 요즘은 '엣지 컴퓨팅' '엣지 AI' '엣지 클라우드' 등 신산업 영어로 자주 등장하는 추세다.

예컨대 엣지 컴퓨팅. 모든 데이터를 클라우드로 보내서 분석하는 대신, 중요한 데이터를 실시간으로 처리하는 기술이다. 중앙 집중서버가 모든 데이터를 처리하는 클라우드 컴퓨팅과 다르다. 자율주행차 스마트팩토리 가상현실(AR) 등 4차 산업혁명을 구현하는 데 핵심적인 역할을 한다.

기술적으로는 소형 서버를 통해 실시간으로 네트워크 가장자리에서 데이터를 처리하는 방식을 말한다. 사물인터넷(IoT) 기기가 본격적으로 보급되면서 데이터량이 폭증. 이로 인해 한계에 부딪힌 클라우드 컴퓨팅을 보완하기 위해 개발됐다.

엣지는 중앙 또는 한복판과 대비되는 단어다. 1970년대를 풍미했던 종속이론의 중앙과 주변 대립론과 구도가 흡사하다. 청년들이 딱 그런 모습이다. 비록 중앙을 올드한 세대에 점령당해 오래 주변부에 머물러 있지만 삶을 엣지 있게 살아간다. 그게 젊음이다.

넛지

옆구리를 슬쩍만 찔러주오!

2009년 리처드 탈러의 『Nudge』가 번역 출판된 이후 유행어를 만들면서 지금도 팔려나간다. 적극적 개입까지 불필요하고 어깨 정도 툭 쳐주길 바라는 거다. 청년들은 나름 준비를 끝냈지만 마지막 선을 넘지 못해 힘들다.

그들은 불완전하다. 더는 보탤 에너지나 다른 선택지가 없어 기진맥진이다. 누군가 넌지시 받쳐주면 경계를 넘어 앞으로 전진할 수 있다. 수렁에 빠진 나를 통째 구출해달라는 막무가내 요구가 아니다. 스낵형 작은 도움을 원하는 거다, 거기 누구 없소. 누구든 좋소. 살짝 떠밀어만 주오!

휴리스틱

Heuristics.

사전을 보면 '발견적 교수법'이라고 풀이해 놨다. 아무런 정보 없이 행하는 의사결정, 즉 '어림짐작'(Wild Guess, Rule of Thumb)도 휴리스틱 뜻풀이에 들어간다. 정확히는 다양한 정보에 기반한 분석과 판단이 아니라 제한된 정보만 갖고 즉흥 직관적으로 행하는 의사결정 방식이다.

합리적 의사결정에는 상당한 시간과 정보가 필요하다. 확신이 서지 않을 경우 오류를 최소화하기 위해 단기 중기 장기 식으로 시간대를 나누기도 한다. 누구도 6개월이 단기인지, 1년이 중기인지 장기인지 묻지 않는다.

그렇다고 즉흥이 도박이나 주술처럼 이루지는 걸까? 평소 축적된 기본지식과 경험을 바탕으로 순간적인 직관과 창의가 함께 작동해야 가능하다. 그렇게 걸작 애드리브를 예감할 수 있을 것.

휴리스틱은 중국의 사서고전 '대학'에 나오는 격물치지(格物致

知)와 같은 맥락의 용어다. '사물의 이치를 밝혀 내 지식을 키워간다'는 의미인데 추론해 발견해가는 학습법과 교수법 의미가 다 담겼다. 요즘 표현으로 자기주도 학습법. 생각이 사물을 관통해 전진해야 진짜 지식에 다다른다.

'발견적 교수법'이란 사전풀이는 거기서 비롯됐지 싶다. 산더미 지식을 다 머리에 담고 혼돈상태에 있는 것보다는 가벼운 토막지식을 순간순간 융복합하며 새롭게 읽어내는 방법론이 절실하다. 과잉 지식과 지나친 엄숙주의와 거리두기하라. 스낵컬처의 주문인데 본질은 휴리스틱이다.

Less, but Better!

덜하게, 그러나 더 낫게!

'Less, but Better!'는 미니멀리즘을 추구하는 1932년생 독일 출신 산업디자이너 디터 람스의 카피다. 간결함과 단순함을 지향하는 디자이너의 철학이 그대로 읽힌다. 그는 1998년 브라운사 수석디자이너 자리에서 은퇴한 이후 90살을 바라보며 고요한 삶에 젖어들었다. 자신이 내세웠던 극도의 절제미와 잘 어울리는 삶의 면모다.

그는 늘 "제품과 함께 세상에 이로운 디자인을 하고 싶었다"고 말한다. 애플의 수석디자이너 조나단 아이브도 언젠가 아이폰 아이팟 디자인에는 디터 람스의 아우라가 스며있다고 실토했을 정도.

그래서 디자이너들의 디자이너란 닉네임이 붙었나 싶다. '디터 람스'란 제목의 74분짜리 다큐영화가 마니아들에게 호평을 받은 것은 그 때문. "적고 덜함은 불행도 죄악도 아니다." 디터 람스를 다시 떠올린다.

Small is Beautiful

이젠 많이 낡았다.

그렇다고 의미가 퇴색하진 않는다. 1970~80년대 '작은 것이 아름답다'는 바람은 신선하고 거셌다. 영국 EF 슈마허의 산업화 철학이었는데 적정기술 중간기술로 이어져 중후장대 일변도의 산업 발전에 경종을 울렸다.

일본이 이 콘셉트를 경박단소 제품화로 구현해 세계시장을 휩쓸었다. 소니 워크맨을 떠올리면 이해가 쉽다. 석학 이어령은 이를 '축소지향의 일본과 일본인'이란 키워드로 문화 분석했다. 같은 제목의 단행본은 우리보다 일본에서 더 큰 반향을 불러일으켰다. 당시 우리도 큰 것 콤플렉스에서 빨리 벗어나야 할 때여서 아쉬움이 컸다.

1897년 느닷없이 선포된 고종의 황제국 국호는 대한제국이었고 경제개발 5개년 계획 기간 중 산업화는 오직 아시아 최대, 세계 3위권 규모, 동종업계 세계 최초 식으로 크고 빠른 것에 집착했다. 과대포장은 결국 과잉의전이란 사회악으로 표출됐다. 지금도 나라는 그 깊은 수렁에서 허우적거린다. Less, but Better 그리고 Small is Beautiful을 되새겨야 하리.

중간기술

Intermediate Technology.

'작은 것이 아름답다' 슈마허의 주창이론이다. 여러 케이스가 있는데 개중 하나가 수출품의 경우라도 원재료는 가급적 국내에서 조달하는 방식으로 해 자국 내 인간소외를 막아나가야 한다는 것.

무슨 말인지 알 거다. 수년 전 일본의 특정소재 수출금지로 한국의 주력산업이 벼랑으로 몰렸다. 하이엔드 기술만 첨단화해 비교우위를 확보하는, 다시 말해 국제 분업체계의 메리트를 극대화한 것의 한계와 위험을 다들 실감했다. 중간기술의 관점에서 완제품에 수반하는 부품소재장비 기술을 같이 향상시키지 못한 결과였다.

아, 그건 아무 것도 아니었는지 모르겠다. 코로나 시대 국제적 가치사슬에 차단막이 내려 막히고 끊어졌을 때 어떤 일이 벌어졌는지 상상해 보라. 기업의 해외이전 즉 오프쇼어링(Off-shoring) 얘기는 쏙 들어가고 나갔던 기업이 돌아오는 온쇼어링(On-shoring), 아니면 적어도 가까이에 두는 니어쇼어링(Near-shoring)으로 돌아서야 했다.

지금이 미국이 펴고 있는 새 글로벌 전략이 그것이다. 자국은 물론 우방국 기업까지 중국 진출을 압박, 심지어 철수를 종용하면서 미국 본토에 첨단제조업 투자를 유도하고 있다. 비교우위에 입각한 국제 분업체계의 메리트를 포기하겠다는 강수다. 세계화보다는 국가주의와 지역주의 우선 생태계가 만들어지고 있는 양상이다.

온쇼어링 니어쇼어링의 높은 난간을 보며 멈출 일은 아니다. 고

임금으로 인한 가격경쟁력 약화는 기본값이고 뒤늦게 돌려세운 제조업의 품질경쟁력 확보도 만만치 않은 숙제다. 불량 또 불량! 위기의 순간을 지속 넘어서야 하는 건 물론 결국엔 코로나 이전의 10%를 포기한 '90% 이코노미'에서 만족해야만 할지 모른다.

이번 기회에 방향을 틀어야 할 것 같다. 더디 같이 가는 길 위에서 낙오자 격려하기. 혹시 눈에 보이는 낙오자 있으면 거둬서 같이 가기. 그래야 멀리 간다. 혼자 빨리 가봐야 별 소용이 없는 시절이다. 그게 중간기술의 철학이지 싶다. No people left Behind!

Appropriate Technology

적정기술, Appropriate Technology다.

중간기술을 내세운 슈마허 주장으로 지속가능한 성장을 담보하는 기술을 말한다. 예컨대 요즘 논란이 되고 있는 플라스틱 폐기물 사태를 보라. 중국의 수입중단 선언 후 전세계 플라스틱 폐기물은 바다로, 컨테이너박스로, 아니 바로 내 곁에 떠돈다. 인간이 사용하고 버린 폐기물이 인간의 통제권을 벗어난 것.

AI도 예외는 아니다. 진화의 속도는 상상초월이다. 딥러닝(심층학습)을 통해 자기의심(Self-doubt)은 물론 논증(Reasoning)까지 하는 AI 출현에 이어, 이를 기반으로 한 대화형 챗봇까지 곧 현실화 할 조짐이다.

인간의 통제를 벗어난 인공지능은 지구와 인간을 위협할 게 뻔하다. 기술과잉은 자칫 화를 부를 우려가 있다. 누구도 인류의 지속 가능성을 담보하지 못한다. 당초 식량과 환경문제에서 등장했던 인간안보(Human Security) 개념이 AI 등 첨단기술 쪽으로 확산하며 경종을 울려댄다.

인간과 불화하고 심지어 적대하는 AI와 로봇을 어찌할 건가? 전기코드를 빼버리면 바로 죽는다고 농담을 하던 사람들 얼굴에도 긴장감과 두려움이 스친다. 그래서 적정기술, 중용이고 제3의 길이다. 인류의 미래 지속성을 담보하는 안전장치는 긴요하다. '지나침은 미치지 못함과 같다'는 과유불급(過猶不及)이 새삼 떠오른다.

가벼워야 솟구친다

시대를 풍미했던 명언들.

작은 것이 아름답다. 짧은 것이 선이다, 덜하게 그러나 더 낫게 등. 모두 짧고 작고 덜한 것을 예찬한다. 종교나 명상의 화두 같은 느낌마저 든다.

중후장대한 산업이 가고 경박단소한 산업시대를 연다 싶더니 금방 디지털 전환이 이뤄지면서 산업 생태계는 뿌리째 달라졌다. AI 메타버스 챗봇은 물론 IoT 등 발전속도를 보노라면 인간의 정체성과 미래를 걱정해야 할 정도다.

덩달아 문화도 바뀐다. 주류가 만들어지면 금방 포스트주의가 등장해 반기를 든다. 좌충우돌 하더니 새 흐름은 스마트기기와 뭉쳐 스낵컬처로 내달린다. 제동을 걸긴 쉽지 않은 기세다. 브레이크 없는 벤츠라는 우려에도 불구, 변화의 바람은 거세다.

가벼워야 뜬다. 스낵컬처는 거쉬업 생태계 조성의 자양분이기에 경박함과 엄숙주의를 놓고 논쟁할 일은 아니다. 기계문명의 변화와 함께 가는 길이기에 걸음을 같이하는 게 맞지 싶다.

참을 수 없는 존재의 가벼움

20세기 최고의 작가, 하지만 노벨상을 받지 못했던 체코 출신 소설가 밀란 쿤데라. 『참을 수 없는 존재의 가벼움』은 그의 소설 타이틀이다. 상처를 안고 살아가는 네 남녀의 사랑 이야기를 괴테식 영원회귀의 갈망으로 풀어낸 작품이라는 평이다. 쿤데라는 무거움과 가벼움의 모순을 긍정과 초월의 철학으로 말하고 있는데 워낙 난해해 여기서 다 말을 하긴 어렵다.

우리의 경박한 문화를 얘기하련다. 순수문화는 일단 논외, 대중문화의 경우 영화 드라마 가요 죄다 너무 가볍고 자극적이다. 수십 년 전 넘어지고 자빠지는 코미디를 비판했던 것과 같은 워딩으로 오늘의 주류 대중문화를 말할 수 있을 듯하다. 오버를 반복하는 슬랩스틱 코미디가 다른 양상으로 변형돼 문화 전반의 핵심 키워드가 돼 있는 셈. 참을 수 없는 존재의 가벼움을 떠올리게 한다.

삶을 차분하고 진중하게 읽고 돌아보는 작품은 예외 없이 흥행에 참패, 그러다보니 아예 무대에서 자취를 감췄다. 흥행 코드만 찾아 작품 사이사이에 일정 간격, 지겨울 만하면 끼어 넣는 바람에 작품성은 실종, 실없는 쓴웃음이나 조롱만 남긴다.

스낵컬처의 경박성 문제가 아니다. 어쩌면 우리네 문화 바탕의 흥행 강박증을 경계함이 옳을지 모른다. 콘텐츠 공급자들은 오직 페이지뷰 트래픽 시청률에 사활을 걸고 있다. 문제가 생기면 '고객이 왕'이고 '수요자가 선'이라는 애매한 말로 덮기 급급하다. 옳고 그름을 사회적 통념이나 가치가 아닌, 욕망으로 잰다는 논리다.

문화가 스낵컬처로 리모델링하는 이 시간, 우리는 무엇을 해야 할까? 무리하게 설정되고 삽입된 흥행 요소를 죽이는 일이 시급하다. 음악 프로그램을 온통 경연 대결장으로 만들어 놓은 것 또한 이와 무관하지 않을 터. 시청률과 흥행성적만 난무하는 현실이 안타깝다.

누가 그래? 스낵형 지식, 경박하다고

모두가 단발성 이슈를 좇는다.

그것도 자극적으로. 그래야 방문자가 생기고 붐비니까. 수개월 혹은 수년 뒤 돌아보면 무의미한 콘텐츠이기 일쑤지만 지금 어쩌지 못한다. 긴 호흡을 가진 콘텐츠가 설 땅이 없다는 푸념이 나오는 이유다.

긴 호흡? 꼰대 발상이다. 예전 책도 단행본 전집류와 일련번호가 매겨진 대하물을 집어야 독서깨나 한다 소리를 들었다. 신흥 부르주아 고급책장 맞춤용 전집류와 대하소설 등이 따로 팔려나갔다.

뭔가 있어 보였던 중후장대한 콘텐츠 전성시대 애기다. 그러다 단행본과 문고판 시대로 넘어갔다. 개중 문고판은 가난한 지식청년들의 벗으로 자리매김했다.

스낵형 콘텐츠는 싸구려일까? 종이책 중심의 텍스트 시대, 내용의 깊이를 위해선 어느 정도의 길이가 필요하다는 게 정설이었다. 책을 찾다 '도서관에서 길 잃기' 같은 얘기가 학자들 사이에선 공감대를 이뤘을 정도. 이 책 저 책 찾아 대도서관을 헤매는 건 기본. 서가 한 모퉁이에서 주저앉아 책을 뒤적이다 잠시 잠이 들었는데 사서들이 퇴근하는 바람에 도서관에 갇히는 사고 말이다.

인터넷 검색, 특히 디지털 하이퍼텍스트 시대에서 그건 추억이다. 인터넷이 세상 모든 지식에 닿아 있어 나홀로 각기 다른 텍스트를 연결해 지식과 정보를 길게 이어갈 수 있다. 도서관에서 길을 잃는 게 아니라 인터넷에서 하이퍼텍스트 서핑을 즐기면서 깜빡 잠이 들어도 무탈하다.

거기엔 블로그와 유튜브 영상은 물론 전문저널과 단행본 정보까지 다 담겨 있다. 필요한 연구자는 인터넷을 떠나 종이 텍스트로 빠지면 된다. 그러다 결국엔 노트북이나 PC 앞으로 돌아오겠지. 거긴 집단지성으로 완성된 통섭형 지식까지 무진장이다. 오직 채굴(Mining) 기술만 필요할 뿐.

스낵형 지식은 결코 가볍지 않다. 수많은 스낵을 쌓는 행위는 디지털 세상 집단지성과 오롯이 맞닿는다. 서로 다른 스낵이 모여 통섭형 거대 지식의 탑을 세울 수 있는 거다. 간소 간편한 스낵컬처에 품격이란 단어를 수식어로 붙일 수 있으면 금상첨화다.

품격 있는 스낵컬처. 간편에 품격을 덧씌워 영 다른 문화판을 만들어야 한다. 모든 이론은 회색이라는 괴테의 말처럼 어떤 새

명제도 아직 선명한 빛을 드러내지 않고 있다. 거인의 어깨 위, 벽
돌 한 장의 스낵컬처다.

스낵컬처 2.0

벌써 '스낵컬처 2.0'이라니.

간편한 콘텐츠를 빠르게 즐기고 넘기는 세태, 변화의 속도는 빠르다. 핵심기제는 스마트폰이다. 손바닥 위 컴퓨터 대중화와 폭발적 성능 발전이 스낵컬처 초기 트렌드를 주도했다. 다양하고 견고해진 플랫폼과 인터넷 속도감을 기반으로 유튜브를 비롯해, 웹툰 웹드라마 등이 스낵컬처 1세대로 명성을 날렸다.

그러다 더 짧은 시간 내 재미와 만족도를 극대화한 신상 콘텐츠 앱들이 스낵컬처를 한 단계 업그레이드시켰다. 앱의 일방적 활용과 소비가 아니라 쌍방향성이 부각되고 있는 것.

가령 이런 앱들이다. 우선 인스타툰. 이미지 기반의 SNS인 인스타그램에서 활동하는 소통형 작가들의 웹툰이다. 기존 웹툰이 스토리텔링과 작품성을 중시했다면, 인스타툰은 일상적인 소재를 담은 단편만화로 독자를 파고 든다. 자가와 독자 간 실시간 소통이 이뤄지고 독자의 이야기나 요청이 그림에 반영되는 게 특징이다. 무엇보다 한 편당 평균 3~5컷 정도를 담고 있기 때문에 초스낵형 웹툰으로 불리기도 한다.

틱톡을 빼놓을 수 없다. 중국 바이트댄스사가 개발한 틱톡은 15초 분량의 짧은 동영상을 만들어 공유하는 플랫폼이다. 촬영과

편집에 상당한 비용과 장치가 필요한 유튜브와 달리, 틱톡은 다양한 스티커와 배경화면 음악 영상편집 툴을 무료로 제공하는 게 강점이다. 최근 유행하는 춤이나 더빙 명대사 등을 따라 영상을 제작하고 하트와 댓글로 또래와 교류하는 일련의 소셜 활동은 Z세대의 대표적 놀이문화로 자리매김했다.

요컨대 웹툰 웹소설 웹드라마 등의 유통은 스낵컬처 1.0이다. 콘텐츠 공급자와 소비자의 쌍방향성 의미를 담은 모바일 퀴즈쇼 같은 것은 스낵컬처 2.0. 기업들이 스낵형 비즈니스 모델과 마케팅 전략도 2.0 버전에 포함된다. 기업들이 스낵컬처에 집중하는 건 당연한 일. 삼성전자 SK텔레콤에서부터 숙박 플랫폼 야놀자에 이르기까지 수많은 기업들이 스낵컬처 도전을 이어가는 이유다.

7 장
MZ세대 엔진 해부

새 '청춘 코드' 읽기
-심각하지 말자, 일상이 최고 자산

재미 간단명료 공정

어느 강연회.

연사가 요즘 청년문화를 말한다. 핵심 키워드는 재미 간단명료 공정 세 가지. 문득 스낵컬처를 떠올린다. 정확히는 간단명료와 직결되는 거다. 스낵＝간단명료, 영어로 Pithiness다. 그들은 복잡한 것일랑 일단 옆으로 젖힌다.

필요하다 싶으면 포털의 검색엔진을 돌린다. 누군가 간단히 정리한 것을 찾아내고 만다. 콘텐츠를 확장해 가야 한다면 다시 포털과 유튜브를 돌면서 곁가지를 달고 살을 붙여 자신의 정보와 지식으로 완성해 간다. 실용적 대응이다.

그들에게 Fun(재미)은 가치창출의 기본축이다. 스낵형 재미거리를 생산하고 소비하는 일에 올인한다. 자신과 코드가 안 맞으면 바로 킬. 구미가 당기면 다시 블로그나 유튜브 등에 본격적으로 뛰어들어 소비를 잇는다.

스낵컬처에서 공정성은? 공정은 스낵 범주뿐 아니라 아예 모든 영역의 상수로 자리한 키워드다. 청년세대에 공정은 강하게 작동한다. 디지털 세상에의 여망 때문이다. 그들에겐 '아날로그=불공정' '디지털=공정'이다. 부당한 편의 제공은 물론 과잉 친절에도 거부반응을 일으킨다. 그냥 공정하게만 하면 실패해도 불평하지 않는다.

참을 수 없는 건 불공정이다. 금수저/흙수저 상관없고 고액과외는 못했어도 경쟁의 출발선만 같으면 패배도 넉넉히 감수한다. Equal Footing이다. 누군가 트릭을 동원하고 반칙하는 것에는 단호히 분노한다. 그들이 말하는 꼰대들은 어땠나? 예나 지금이나 불공정을 다반사로 저지르며 살았고 아직도 공정에 무감하다.

문제는 청년들이 세파에 시달리며 불공정을 배워간다는 거다. 빨리 그들을 세상 중심에 놓고 다른 세상을 꿈꾸는 게 맞지 않을까? 오늘도 터져 나오는 온갖 불공정으로 얼룩진 세상사, 얼마나 오래 지속 가능하리라 믿는 걸까?

정치권에선 습관적으로 세대교체를 말한다. 발언이 말장난이나 쇼에 그쳐서는 안 된다. 온몸에 공정을 두르고 불공정에 분노하는 청년세대만이 희망이리니!

밀레니얼 세대

'새천년 세대', Millenials.

1980년대 초반에서 2000년대 초반 출생한 세대를 가리키는 말이다. 미국의 세대 연구가인 닐 하우와 윌리엄 스트라우스가 1991년 펴낸 책 『세대들, 미국 미래의 역사(Generations : The History of America's Future)』에서 처음 언급한 단어인데 구체적으로 1980년대 초는 1980~1982년, 2000년대 초는 2000~2004년으로 명시했다.

정보기술(IT)에 능통해 디지털 네이티브(Digital Native 디지털 원주민)한 역량과 기질을 갖고 있으며 대학 진학률이 높은 게 특징이다. 이들 중 연장자는 2008년 글로벌 금융위기 이후 사회에 진출해 고용 감소, 일자리 질 저하 등을 겪은 세대이기도 하다. 기성세대보다 평균 소득이 낮음은 물론 대학 학자금 부담까지 안아 채무에 눌린 채로 사회 첫발을 내딛는 경우도 허다하다.

밀레니얼 세대는 XYZ세대와 구분하기 위한 용어다. 타임지가 네이밍한 'Me Generation' Me세대는 자기 위주로 생각하고 행동하는 세대로 Y세대와 동의어다. Z세대와도 상당부분 겹친다. 올드 미디어를 외면하면서 SNS로 자기표현 욕구를 실현한다. 온라인 쇼핑을 즐기고 게임에 몰입하면서도 공부나 업무과제까지 해내는 멀티태스킹 신인류다.

다른 세대보다 물질적으로 풍요하지 않아 명품에는 관심이 덜하다. 대신 맥주 커피 기호식품 등 목돈이 들지 않는 품목에는 지갑을 잘 연다. 특히 개성을 살리는 부문의 씀씀이가 두드러진다. 제품을 소유하고 과시하기보다는 합리적인 가격으로 얻을 수 있는 '편리하고 다양한 경험'을 선호한 결과다. 사치보다는 자신의 건강과 식생활과 관련된 가성비를 중요하게 여긴다는 의미다.

여기다가 사회적 가치 구현에 일조를 하겠다는 의지도 기성세대보다 강하다. 개인을 위한 투자를 아끼지 않되 이전 세대와 달리 소유보다는 공유를 추구한다. 집 마련을 포기하거나 미루는 경향성도 여기서 비롯된다. 결혼 출산은 일단은 유예. 여기에 전주곡 격인 연애를 넣어 '3포 세대'다. 꿈과 희망을 포함, 나열 가능한 모든 것을 포기한다고 해서 'N포'까지 나왔다.

그럼에도 이들은 다른 세대에 비해 미래를 훨씬 긍정적으로 보고, 자기표현과 소비에 적극적이다. 미래 소비시장의 밀레니얼 고객들은 원치 않는 기능이 태반인 제품과 서비스를 구매하지 않는다. 필요한 것을, 필요한 만큼만, 합리적 가격에 골라서 쓸 것이라고 예측하는 것이 옳다.

구독 비즈니스도 주목 대상이다. 스마트홈 모바일 인공지능 O2O 서비스 등을 구분할 것도 없이 모든 플랫폼 기반 서비스에 길들여 있다. 그들은 구독경제를 기본으로 깔고 간다.

Z세대

X세대 Y세대 하더니 이젠 Z세대다.

잠시 시간을 거슬러 X세대는? 1960년대 중반부터 1970년대 중반 출생자로 개성이 강해 정체성을 모르겠다고 X를 붙였다. Y세대는 1980(혹은 1982)년부터 2000(혹은 2004)년 사이 태어나 밀레니얼(Millennial)세대 혹은 Me세대라고도 불린다.

베이비붐 세대의 자녀들이 여기 해당한다. 높은 지적수준으로 변화에 도전하면서 소비와 유행을 주도했단 평가다. 미래를 걱정하고 준비하는 대신 오늘을 즐기는 YOLO 라이프 세대라는 닉네임이 주어지기도 했다.

Z세대는 1990년대 중반(혹은 1995년)에서 2000년대 초중반(혹은 2004년) 사이 태어났다. 인터넷과 모바일 생태계에 태어나 적응된 신인류다. 디지털 노마드에 SNS의 소셜 기질을 같이 갖고 있어 개인적 독립적 성격이 강하다.

이들은 청소년기 청년기에 진정한 Z세대가 됐다. 코로나 거리두기 시기인 2020~22년 원격 채팅 미팅 플랫폼 줌(Zoom)의 주력 사용자가 됐던 것. 그들은 주머란 이름으로 Z세대 중심에 섰다. 알파세대 잘파세대 운운하며 포스트 Z세대를 논하지만 의외로 Z세대의 수명은 길 조짐이다.

미국과 유럽에선 2차 세계대전 종전 후(1945년) 베트남전쟁 초입(1965년)에 태어난 사람을 속칭 OK부머라 한다. 우리말 꼰대 같은 뉘앙스가 담겼다. 정치무대에서 주류엔 베이비부머는 별로 남아있지 않고 유럽에선 더 희귀하다.

MZ세대

Y세대와 Z세대를 합쳐 부르는 이름, MZ세대다.

Y세대를 밀레니얼(Millennial) 세대 혹은 미(Me)제네레이션으로 읽으며 M을 따서 Z에 붙인 거다. 시간대별로는 1980년대 초반부터 2000년대 초반 출생자로 지금 청춘들이다. 정보기술(IT)과 디

지털에 친숙하다는 이유로 '테크세대'로 불리기도 한다.

세계의 젊은이는 다 MZ란 이름의 날개를 달고 있다. 2020년 전후로 거대 미국이 사실상 완전고용을 지속 중이며 일본도 20년 긴 불황을 빠져나와 호황을 구가하면서 우리 젊은이들을 고용시장에서 쓸어 담을 정도. 젊은층이 활력을 누리며 '이상무'를 외친다.

우리는? 성장률 부진으로 곳곳에서 청년은 앓고 있다. 정부와 지자체는 청년배당 청년실업수당 구직활동비 등 복지를 제공하지만 그들에게 본격 보탬이 되긴 역부족이다. 게다가 꼰대 갑질에 억눌려 더 힘들다. OK부머란 용어에서 드러나듯 구미에도 베이비부머 즉 기성세대 거부감이 없지 않다. 세대 갈등은 정도의 차이는 있을지나 어디서든 마찬가지라는 얘기다.

MZ세대 5개 키워드

MZ세대를 간략한 키워드로 표현할 수 있을까?

대학내일 20대연구소가 2020년 재미있는 연구 결과를 내놨다. 다만추 후렌드 선취력 판플레이 클라우드소비 5가지로 MZ를 설명했던 것.

① 다만추: 다양한 만남을 추구한다. SNS의 얼굴 모를 친구들과도 망설임 없이 친구가 된다. 그리고 폐해가 생기면 바로 삭제하고 지우기.

② 후렌드: Whoever Friend 합성어다. 누구든 교류를 하며 상대방 삶을 존중하고 이를 통해 내 삶의 변화를 추구한다. 강한 유

대, 스트롱 타이(Strong Tie) 아닌 느슨한 관계, 위크 타이(Weak Tie)를 선호하고 거기 만족한다. 오버해 선을 넘으면 끊고 빠진다.

③ 선취력: 선한 것을 먼저 취하는 성향이다. 올바름을 지향하면서 거기 도움이 된다면 작은 힘이라도 보탠다.

④ 판플레이: 재미있는 놀이판에서 플레이하며 잘 논다. 남의 판을 즐기다 필요하면 내가 판을 직접 벌여 주체적으로 간다.

⑤ 클라우드소비: 제약 없이 자유롭게 연결되는 소비다. 소유보다 공유를 통해 남들과 공감대를 형성하고 비용도 줄인다.

그렇게 MZ세대는 다르다. 특히 올바름을 추구하는 태도가 그러하다. 정치적 올바름과 경제적 올바름 말이다. 누가 MZ세대를 생각도 개념도 잃고 타락했다고 비난하는가? 우리 젊었을 땐 그러지 않았다며. 꼰대 발상이다. MZ세대는 침묵하며 조용히 세상을 가로지르고 있을 뿐.

알파 잘파, 이건 뭐지?

모바일 네이티브 알파세대.

2010년부터 최근까지 태어난 세대가 알파세대다. 앞에 Z를 붙여 잘파세대. 같은 Z세대를 2010년 기준으로 디지털 네이티브와 모바일 네이티브로 나눠 잘파로 구분했다. 현란한 말장난에 주눅들거나 현혹되거나 헷갈릴 거 없다. 그냥 MZ세대고 오늘의 청년이다.

신조어는 마케팅 전문가들에 의해 수없이 생산 유포된다. 세대를 잘게 쪼개 공략하는 마케팅 전략이 틀리지는 않다. 하지만 억지로 세대별 특성을 꿰맞춰 판로를 여는 방법을 제시하는 건 저항을 부른다. 사실 MZ는 우리나라에서 집중 사용되는 용어다. 외신이나 UN, 혹은 외국학자들의 글에는 젊은 세대를 통칭 'Gen Z' 즉 Z세대라고 표현한다.

자극적이어서 입에 딱 붙는 신조어, 머리에 담기 버거운 용어에 억눌리지 마라. 자칫 마케팅의 재물이 될 우려가 있다. 그냥 청년 젊은이 MZ세대 정도 용어면 족하다. 대신 그들의 특성을 공부 연구하며 존중하는 게 긴요하다.

브랜드Me

'브랜드You'로 돌려세워도 의미는 같다.

경영구루 톰 피터슨이 1997년 툭 던진 개념이다. 어디서 무슨 일을 하든 '나'라는 브랜드의 회사를 위해 일한다는 의식이 자신은 물론 조직을 성장시킨다는 것이다. 세월을 건너 프리랜서 N잡러 시대 '브랜드유!' '브랜드미!'는 주효하다.

'나'라는 브랜드 차별화 전략만이 나와 회사의 몸값을 다르게 책정할 수 있다. 구단과 연봉을 협상하고 실패하면 다른 구단에다 나를 내놓는 거래를 프로 스포츠선수의 전유물로 넘겨줄 수는 없을 것.

Me제너레이션에 브랜드Me는 자연스러운 현상이다. 거쉬업의 본질과도 일치한다. 트리클다운 섭생으로는 브랜드미를 디자인

하기 불가능하다. 나만의 스타일과 강점을 강화하는 작업, 거쉬
업이다.

기본은 전공분야의 탄탄한 실력과 인성, 거기에 몰입력과 창조
성을 곁들일 수 있으면 베스트다. 실패를 두려워하지 않는 모험심
과 도전정신 또한 필수 덕목. 경영구루들의 한결 같은 주문이기도
하다.

매의 눈

젊은 MZ세대의 눈매는 다르다.

2019년 7월29일 CJE&M의 Mnet 오디션 프로그램 프로듀스
X101 방송이 끝난 얼마 후 문자투표 조작 주장이 일기 시작했다.
유력 데뷔주자가 탈락하고 의외 경연자가 데뷔조에 들어간 것을
두고 이건 뭐지? 의심하던 차, 1위부터 20위 표차에 이상한 패턴
이 발견된 것.

예컨대 1, 2위 표차 2만9천978표가 3, 4위 6, 7위 7, 8위에 반복
되는가 하면 4, 5위 표차가 13, 14위에 그대로 나타났다. 2만9천도
아니고 2만9천978표가 같을 수야! 뭔가 기계적 조작이 있단 확신
을 갖기 충분했다. 검찰도 경찰도 기자도 상상하거나 발견하지 못
했던 거다.

청년 네티즌 수사대의 추적은 적중했다. 검찰 수사결과 이번뿐
아니라 앞선 3개의 모든 시즌 오디션까지 조작 의혹이 있는 걸로
드러났다. 일단 이번 건 담당 PD등 2인 구속, 나머지 관련자 8인

불구속 입건에 관련 멤버들 무대활동 올스톱! 과거에도 투표조작 의심이 있었지만 결국 그 사실을 들춘 건 MZ세대의 시선이었던 셈이다.

그들은 지금도 넘쳐나는 경연 프로그램의 공정성을 의심하곤 한다. 결정적 증거를 잡아내는 건 쉽지 않다. 특히나 CJE&M 사태로 당사자들이 경계를 늦추지 않고 있어 더 그러하다. 하지만 걸리면 죽음이다. MZ세대 청년 네티즌 수사대의 놀라운 매의 눈을 기억하라.

Worm's-Eye View

벌레의 눈으로 세상보기.

바로 Worm's-Eye View다. 벌레들은 바로 앞 작은 돌멩이 하나, 작은 풀 한 포기에도 앞을 내다보지 못하고 마냥 기어간다. 바닥 인생들의 좌절감이 담긴 표현이었다가 최근 들어 자영업자와 청년들의 상실와 패배를 규정하는 각이 됐다.

반대는 Bird's-Eye View. 새의 시선으로 세상을 보는 것을 말한다. 예전 헬캠(헬리콥터 카메라), 요즘 드론을 떠올리면 새의 시선은 이제 '새 발의 피'다. 뭐 좀 알고, 한다는 사람 뒤에 진짜 고수가 숨어 있다는 의미로 읽으면 된다.

세상은 늘 청년의 편이 아니었다. 하지만 오늘의 청년들 벌레의 눈은 거쉬업의 토대가 될지도 모른다. 바닥에서 뒹굴어본 이의 지혜와 힘은 남다르다. 위로 솟구치는 시선과 에너지도 거기서 나온다.

MZ 청춘예찬

청춘예찬.

일제강점기 신문기자 겸 작가 민태원의 수필 타이틀로 유명하다. "청춘! 이는 듣기만 해도 가슴 설레는 말이다"로 시작해 "청춘의 피는 끓는다. 심장은 거선의 기관 같이 힘이 있다"로 이어진다.

서양에서는 아일랜드 소설가 오스카 와일드의 『도리언 그레이의 초상』에 나오는 청춘숭배를 자주 되뇐다. "젊음의 시간은 몹시 짧아. 퍽이나 짧지. 20세 때 우리 안에 요동치던 기쁨의 맥박은 느려지네. 그토록 두렵던 열정의 기억, 감히 항복할 수 없었던 강렬한 유혹의 기억에 시달리네." 그렇게 청춘은 스러지고 빛을 잃는다.

세대를 X네 Y네 MZ네 알파네 잘파네 나누지만 한 묶음으로 청춘이다. 때론 벅차게 아름답지만 때론 시련이고 아픔이다. 시인 이상희는 '잘 가라 내 청춘'이라는 제목의 시에서 "달면 뱉고/쓰면 삼킨다/가죽처럼 늘어나버린/청춘의 무모한 혓바닥이여"이라고 적고 시단에서 자취를 감췄다.

청춘은 머물지 않는다. 가는 청춘을 원망하는 것은 어리석다. 지금 내 안의 젊음, 내 곁의 생동력을 의미있게 간직해야 한다. MZ청춘이 따로 있진 않다. 그들 청춘은 고단하지만 궤도를 이탈하지 않는다. 잘 달려라, MZ청춘!

로스트 제너레이션

좌절한 청년 지식인, Lost Generation이다.

제1차 세계대전(1914~18년) 후 미국과 유럽은 온통 잿빛이었다. 마침 스페인 독감에 이어 대공황까지 닥쳤으니 마음은 더 황폐화했을 것. 환멸은 청년들을 허무와 쾌락 양극화한 삶으로 내몰았다.

어니스트 헤밍웨이가 『해는 또다시 떠오른다 : The Sun Also Rises』(1926년)의 서문에 "당신들은 모두 잃어버린 세대의 사람들이다(You are all a Lost Generation)"라는 미국 문인 거트루드 스타인의 말을 인용한 데서 Lost Generation은 확산됐다. 다른 번역으로 상실의 세대, '잃어버린'도 '상실'도 얼마나 문학적이면서 사회적인 표현이었던가? 스타인이 프랑스의 한 자동차 수리공으로부터 들은 말이라는 것까지 갖다 대면 의미는 더 절실하다.

청년들은 간절함으로 일어나서 세상을 고쳐 잡았다. 1960년대 전세계는 고도성장의 길을 질주했다. 이름하여 '황금의 1960년대(Golden Sixties)' 주역이었다는 것. 이처럼 우리는 다시 황폐한 마음으로 길을 잃고 헤맬 필요가 있다. 새 길은 거기서 어렴풋이 드러나기에.

길은 절대 제 발로 우리 곁을 찾아오지 않는다. 우리가 떠돌며 떠돌며 찾아가는 것이다. MZ 들도 달관세대도 맨 밑바닥은 좌절이고 잃어버림이다. 죽기 않기 위해 버텨 사는 법을 먼저 터득했을 뿐.

비트 제너레이션

Beat Generation, 패배의 세대다.

제2차 세계대전 후 1950년대 중반까지 샌프란시스코와 뉴욕을 중심으로 대두된 보헤미안적인 문학가 예술가들 그룹을 부르는 표현. 전쟁의 상처가 치유되기 전 들이닥친 산업화와 자본에 예속되는 노동을 거부하려는 움직임이었다.

자연 회귀, 심지어는 태초의 빈곤까지 감수하겠다며 거리를 떠돌았다. 거기에 재즈와 록, 술과 마약, 선과 명상, 개인주의와 무정부주의적 신념 등을 뒤섞어 히피문화를 형성해 갔다. 1956년 앨런 긴즈버그가 장시 '울부짖음(Howl)', 1957년 잭 케루악이 장편소설 『노상(路上 On the Road)』에서 비트세대란 단어를 노출한 이후 본격 사용됐다.

획일적인 사회에 저항하며 기성세대 주류 가치관을 거부하는 움직임은 신선한 바람이기 충분했다. 일부는 '힙스터(Hipsters)', 혁명가의 길을 가고 다른 일부는 '비트닉(Beatniks)'으로 떠돌았다. 어느 편이든 낡은 체제를 해체하고 신체제를 쌓아올리는 자양분이긴 마찬가지였다. 그들은 Beat(패배)를 Beatitude(지복)으로 삼은 듯했다.

유토리세대

유토리(ゆとり).

'여유'를 뜻하는 일본말이다. 유토리세대는 1987~96년 일본에서 태어나고 자란, 그러니까 지금의 20~30세 연령층에 해당한다. 밀레니엄 Z세대와 거의 일치한다고 봐도 무방하다. 여유라는 말에서 드러나듯 뭔가 '4당5락' 심지어 '3당4락' 하던 암기 위주(암기가 학력이라던 풍조)의 교육의 긴장감이 떨어지고 널널한 교육의 느낌이 확연히 와닿는다.

일본은 2002년 교육시간과 교과내용이 대폭 줄여 생긴 '여유시간'에 창의성과 자율성을 키우는 혁신적 유토리 교육시스템을 도입했다. 핵심 이념은 '살아가는 힘'을 기르는 것. 하지만 심각한 기초학력 저하와 학생 간 편차 심화를 이유로 시행 5년만인 2007년 폐기됐다. 그렇게 유토리는 '학력 저하세대'를 뜻하다가 나중에는 젊은이를 비하하는 말로 퍼졌다.

유토리가 부정적인 얼굴만 하는 것일까? 요즘 들어 유토리세대는 미래 '뉴재팬'의 근간을 형성하는 에너지가 됐다는 재평가가 우세하다. 그들은 인터넷과 휴대폰 등 디지털 신기술 세례 속에서 태어나 자랐다. 일본의 장기불황과 겹친 유년기와 학창시절엔 절제하고 안정을 중시하는 세대 훈련을 받아 일본 경제부활의 발판 역할을 하고 있다는 것.

비록 개인주의적 성향이 강하지만 창의적인 문제해결 능력이 돋보이는 건 이 결과다.

새 기술 및 트렌드 흡수력과 글로벌 감각 역시 유토리 교육의 부산물로 간주하는 듯하다. 여유가 창의다.

프레카리아

혹은 '프레카리아트'.

영어 Precarious(불안정한)와 Proletariat(프롤레타리아)를 합성한 조어 Precariat다. 불안정한 고용이나 노동 상황에 처한 비정규직 파견직 실업자 노숙자를 총칭한다. 불안정은 그렇다지만 프롤레타리아, 즉 무산자(無産者)란 용어에서 짐작할 수 있듯 신자유주의에의 비판과 저항의식을 담고 있다.

2003년 이탈리아에서 처음으로 사용되기 시작해 2005년 프랑스 최초고용계약법 저항과 2011년 미국의 Occupy Wall-street 점령시위에 쓰였다. 유럽의 '700유로 세대' 일본의 '잃어버린 세대' 이어 우리나라의 '88만원 세대' 등 모두 같은 맥락의 키워드다.

영국의 가이 스탠딩 런던대 경제학과 교수는 '21세기의 소득분배 시스템 붕괴현상'이란 주제 연구를 수행하다 2014년 『프레카리아』란 책을 펴냈다. 프레카리아는 프롤레타리아보다 상황이 한 단계 더 악화한 위험계급이라는 것. 이후 이 용어는 본격 유행어가 됐다.

스탠딩은 오늘날 부는 노동자 계층으로부터 금융자산과 실물자산을 보유한 불로소득 계층과 소프트웨어 등의 지적자산을 소유한 소프트 엔지니어로 이동한다고 봤다. 그 결과 프레카리아가 생성되는데 치명적인 4A 혼합물에 빠져 허우적댄다. 불안(Anxiety) 아노미(Anomie) 소외(Alienation) 분노(Anger)가 바로 그것이다.

서유럽 '이케아세대'도 크게 다르지 않다. 교육 수준이 높고 스펙이 뛰어남에도 불안정한 고용으로 미래를 계획하기 힘든 세대를 부르는 표현이다. 가격 대비 좋은 품질의 가구 상표인 '이케아'에 빗댄 것인데 임금 대비 생산성이 높다는 의미로 해석할 수 있겠다. 일반적으로 1978년생 전후의 연령대가 여기 해당한다.

이를 구조화한 것이 긱경제(Gig Economy)다. 프리랜서 임시직 계약직 등을 양산하고 있는 '고용 없는 성장'을 일컫는다. 노동 유연성은 비용 효율성면에서 기업을 유리한 입장에 올려놓는다. 하지만 노동자의 삶은 더 열악해진다. 프레카리아의 비명이 높아지는 이유다.

솔로사회

거리두기.

초격리, 거리두기를 심화하면 솔로가 된다. 그리 특이하거나 끔찍한 일은 아니다. 이미 우리가 경험하고 있는 혼밥 혼술 혼고기 혼노래방 혼여행 등을 떠올리면 이해 가능하다. 어디든 '혼'을 붙이면 신조어가 된다.

이미 유럽과 일본에서는 솔로사회 논의가 많이 진행됐고, 심지어 초솔로사회 등장까지 예고하고 있다. 어쩌면 유럽이 일본에서 힌트를 얻어간 건지도 모르겠다. 유럽의 여러 매체들이 '오히토리사마((お一人樣) 무브먼트'라는 타이틀을 붙여 일본의 솔로현상을 흥미롭게 보도했으니까.

특히 고령화가 고령 싱글족을 많이 만들어내는 바람에 고령사회의 대비책으로 솔로문화를 들고 나왔다. 코로나 시대 거리두기가 일상화하면서 솔로는 더 돋보였다. 어차피 인생은 혼자 왔다 혼자 가는 것 아닌가. 혼행? 떠돌이 베가본드 문화공부를 좀 해야 할까 보다.

혼밥 그리고 솔로충

혼자 밥먹기.

혼밥이다. '혼'자 돌림의 온갖 신조어 중 하나다. 그러다 화장실에서 밥 먹기, 일본어로 '벤조메시(便所飯)'란 단어까지 등장해 충격을 던졌다. 매일 혼자 밥 먹는 게 민망해 때론 화장실에 숨어 도시락 식사를 한다 해서 벤조메시.

얼마나 은밀한 공간인가? 집단 질서에서 일탈하고 싶은 욕망을 화장실에서, 심지어 화장실 나홀로 식사로 해소하는 것이다. 식사 화장실을 일본 용어 그대로 밥 변소라 적고나면 부조화는 극에 달한다. 잘 관리되고 있는 화장실은 위생적으로도 업무용 책상과 회의실 테이블보다 낫다는 실험결과가 많아 그나마 안심이다.

얼라인(Align), 웃기지 마시라. 집단의 노선과 철학을 맹목적으로 추종하는 일체화 시대는 끝났다. 그들은 일렬로 줄서는 대신 화장실을 숨어든다. 벌레처럼 기어든다고 해도 좋다. 일본처럼 나에게 충실하다는 의미를 담아주면 더 좋고 벌레살이 솔로충도 괜찮다.

우리는 벌레 '蟲(충)'을 쓰지만 일본에서는 충실하다의 '充(충)'을 붙여 숭배까지는 아니지만 적어도 비하하진 않는다. 어느 편이든 상관없다. 카프카의 소설 『변신』을 떠올린다. 어느 날 아침 일어난 그레고르 잠자가 거대한 벌레로 바뀌어 있을 줄 누가 알았으랴. 벌레는 싫지만 솔로는 좋은 세월이다.

그루밍족

그루밍(Grooming), 뭐지?

많이 들었는데. 아, 그래. 그루밍 성폭행! 상대방을 정신적으로 길들여 복속시킨 뒤 항거불능 상태로 만들어 성폭행을 저지르는 것 말이다. 그래서 그루밍은 부정적 이미지를 먼저 띤다.

사전적 의미인 '차림새' '몸단장' 혹은 '(동물의)털 손질'을 읽자면 완전히 달라진다. 패션과 미용에 아낌없이 투자하는 사람, 특히 남자들을 일컫는 신조어다. '여성=뷰티'라면 '남성=그루밍'이다. 메트로섹슈얼(Metro-sexual)족도 같은 의미로 사용된다.

동호회를 만들어 패션과 미용에 관한 정보를 교환하는 것은 기본이고 명품 가방 구두 의류를 구하는 매장과 수선법 관련 정보를 공유한다. 일부에선 여권 신장에 따라 스러지는 남권을 방어하기 위해 그루밍의 길을 선택한다고도 풀이한다. 남성의 신체자본을 표현하고 드러내는 방식이다.

남성들의 사회적 영향력이 줄어들자 외모를 잘 갖춰 성공 확률을 높이자는 거다. 그루밍은 남녀평등의 상징어로 자리를 잡을까? 뭐든, 아름다움은 나쁘지 않다.

플렉스

플렉스(Flex).

젊은이는 많이들 사용하지만 어른들은 생소할 거다. 명사일 때 '신축성 있는 전선', 동사는 '팔 다리 근육을 구부리다' 또는 '준비 운동으로 신체의 일부를 풀다'는 의미를 가지고 있다.

청년들의 플렉스는? 명사로는 '일시불로 많은 양의 돈을 씀', 동사는 '돈 자랑을 하다'는 뜻이다. 그런데 그 다음 따라붙는 '랩 또는 한국 음악에서 매우 자주 사용되는 말'이라는 지적을 눈여겨 볼 필요가 있다.

애초 플렉스는 힙합하는 레퍼들의 "그래, 나 성공했어, 잘 났어" 라고 뻐기는 슬랭으로 등장했다. 그러다 차츰 세태를 논하는 상징어로 자리를 잡았다. "자신의 성공이나 돈 명예 등 여러 가지 것을 자랑하며 뽐내다"는 뜻으로 말이다.

미국의 유명 레퍼들이 멋진 자동차 넓고 화려한 집을 갖고 고가의 시계를 자랑하면서 사는 것이 플렉스의 전형이다. 많은 젊은 이들이 래퍼의 환상을 갖기도 했다. 우리나라에서는 국내에서는 Mnet 오디션 프로그램 '쇼미더머니'에 출연한 레퍼들이 고가의 물건을 자랑하며 "플렉스 해버렸지 뭐야"라는 말을 사용해 바람을 일으켰다.

문제는 여기서 시작한다. 상당수 청년들이 주머니 사정을 따지지 않고 플렉스질을 하며 인증을 SNS에 올리는 게 유행이 된 것. 흔히 '질렀다'는 표현으로 신발부터 자동차까지 가리지 않고 명품을 사들이고는 어렵사리 돈을 벌어 할부를 갚거나 최악의 경우 빚

더미에서 허우적거린다.

당사자들은 "전혀 후회하거나 아깝지 않다"고 말을 끊기 일쑤. 어떤 이는 할부금을 갚기 위해 열정으로 일을 하다 작은 여유라도 생기면 플렉스할 상품을 고르느라 부산하다. 그 행복감! 중독이 되기도 한다.

어른들의 시선에서 보면 그것은 절망의 벼랑 끝 소비다. 애써 돈을 모아도 집 사서 잘 살기는 글렀으니 지금 있는 대로 저지르고 즐기면서 살자는 것으로 비치기 때문. 그러나 정작 당사자들은 너무 걱정하지 마시라, 우리 나름 다 계획이 있다고 반문한다. 정말 다른 부류다.

Equal Footing

동등하게 경쟁하자.

footing은 '발을 딛고 선 자리' 혹은 '입장'이란 의미의 영어 단어다. 딛고 선 발판이나 입장이 동등해야 한다? 바로 출발선을 같이 하자는 얘기다. 그래야 평등한 경쟁 조건을 갖추게 된다. 경쟁이 유발하는 긍정/부정적인 요소를 다 말할 필요는 없을 듯하다.

간략히 정리해볼까. 긍정적인 것은 남들보다 나은 결과를 도출하기 위해 최선을 다하고 자기계발에도 소홀함이 없다는 점. 부정적인 요소는 비교대상이 되는 것에 따른 심리적 위축과 스트레스, 심각한 불행으로 귀결되기도 한다.

그래도 괜찮다. 경쟁의 공정성만 주어진다면 실패해도 무방하다. 다만 불공정한 게임룰이 적용되는 경쟁에는 분노한다. 특정 한쪽에 메리트를 주며 경쟁하라는 것은 다른 쪽에 대고 포기하라는 것과 다름이 없다.

어른들은 빨리 가난에서 벗어나야 한다는 이유 하나로 효율성을 최고 가치로 삼았다. 불공정을 기꺼이 받아들이는 것은 당연한 수순, 부당한 성취를 위해 사용하던 블랙머니를 업무의 윤활유라고 불렀을 정도로 관대했다. 효율성을 상수로 삼아 타락과 부패는 깊이를 더해 갔다. 아직도 그들은 세상의 꼭대기에서 내려올 기미가 아니다. 요즘 젊은애들은 말이야 운운 꼰대짓을 하면서.

청년들은 인터넷 디지털 세상의 도래에 환호했다. 다 썩어 빠진 나라를 버리고 깨끗하고 공정한 '사이버 코리아' 하나 건설하자고. 그런데 이젠 거기마저 신통치 않을 판이다. 그래도 청년들 사전에 절망은 없다.

공정성 가치관

의문이다.

우리 청년들의 공정성 가치관은 어디서 왔을까? 기성세대는 불공정성을 당연하게 받아들이지만 그들은 다르다. 나의 실패가 불법으로 얻은 정보나 불공정한 게임룰에서 비롯된 것을 알아차린 순간 저항한다. 공정한 사회에의 희망을 잃지 않는 그들에게서 미래를 읽는다.

그들은 병든 세상의 구석진 곳에 처박혀 앉고 있다. 그러나 결코 포기하거나 좌절하지 않는다. 주머니 사정이 팍팍해도 공정무역 제품을 사고, 회계 투명성이 담보되지 않는 자선 기부를 거부한다. 공정한 것이 아름답고(Fair is Beautiful) 윤리적인 것이 아름답다(Moral is Beautiful)는 명제를 붙여야 할지 모르겠다.

MZ세대 정체성은 간단한 자로 재단하지 못한다. 다양한 시선으로 바라보면서 그들의 장점을 추출하고 강점 강화작업을 거쳐 나라의 새 엔진으로 삼아야 한다. 그게 진정한 딥 체인지(Deep Change)의 출발점이자 종착점이다.

일상이 최고 자산

그들에겐 일상이 최고 자산이다.

가식이나 위선은 용납 않는다. 잘 나가던 TV예능도 사전에 짜진 대본이 있단 사실이 알려지면 폭망한다. 설정된 예능은 예능이 아니라 드라마와 같다는 것. 대신 그들은 자연스러운 흐름과 순발력 있는 애드리브을 즐긴다.

오늘도 그들은 자신의 일상을 사진과 함께 인스타그램에 올려 공개한다. 진정성을 담아 일관성을 유지하는 건 그들의 변함없는 생리다. 예전 페이스북에 올린 글이 뒤늦게 파문을 일으켜 화려한 연예생활을 접어야 했던 사연 등 잘 알면서도 일상을 타인과 공유하는 것을 주저하지 않는다.

청년세대는 누가 가르쳐주지도 않았지만 노자의 상선약수(上善若水), 즉 '최상의 선은 흐르는 물과 같다'는 이치를 터득해 있다.

만물을 이롭게 하는 물이 서로 다투지 않고 높은 곳에서 낮은 곳으로 흐르는 게 얼마나 아름답나? 어쩌면 MZ세대 거대한 집단이 상선약수로 흐르는 듯하다.

부풀리기

청년들은 웃는다.

무턱대고 과장하거나 내용도 없이 제목에 자극적인 유인 단어를 걸치는 것 말이다. 초라해도 진정성 있길 바라는 그들의 성향에 이런 행태를 받아들일 여지는 없다.

IT강국. 정치인들은 입만 열면 '대한민국=IT강국'이다. 습관적 상투성, 아니 어떤 땐 무슨 고질병 같은 느낌마저 든다. 프로그램 개발이나 운영시스템(IS) 구축 분야 등 아무리 둘러봐도 강국의 양상이 엿보이지 않고 관련 스타트업도 부실하다.

과장이고 오류다. PC 스마트폰 등 기기생산에서 상위권을 기록하는 것을 놓고 IT강국을 자처하는 것은 낯 뜨겁다. IT강국이 아니라 망(網)강국, 정확히는 인터넷선로 강국이다.

아파트로 덮인 작은 나라에서 망 깔기는 식은 죽 먹기였다. 큰길 아파트 입구까지만 선로를 놓으면 수백 수천 가구의 거실 안방까지 곧장 연결됐으니까. 그래서 망강국이란 명성을 얻었다. 그게 이상하게 포장돼 IT강국으로 변질하고 말았다.

입만 열면 또 나오는 소리, 세계 10대 강국, 심지어 7대 강국까지. 지표로 사용하는 한국의 명목 GDP는 2020, 21년 10위였다가 2022년 러시아(9) 이탈리아(10) 브라질(11) 호주(12) 다음 13위. 1인당 GDP 30위, 수출 6위, 수입을 합한 무역액 순위는 8~9위 수준이다. 그러면 세계 10대 강국은 추억 수치고 수출액 6위국이라 칭하라. 아니면 우주선 발사 7위국. 아 안타까운 압도적 1위 둘 있네, 자살률 OECD 1위, 노인빈곤율 OECD 1위!

코로나 시절 귀가 따갑도록 들었던 '백신 허브'도 마찬가지다. 세계가 백신 개발에 올인해 나름의 성과를 거뒀는데 한국은 제대로 된 이름을 올리지 못했다. 대신 선진국의 백신 원액을 받아와 투약 가능한 주사약으로 만드는 백신공장 역할로 그나마 불명예를 면했다.

그런데 느닷없이 '코로나 백신 허브'란 표현이 난무하기 시작. 허브란 애매한 단어팔이는 국민을 오도했다. 백신강국의 대열에 엉거주춤 끼어들었지만 누구도 '백신 제조허브' 같은 정확한 표현을 사용하지 않았다. 인터넷 망강국이 인터넷 강국이 된 것과 다르지 않았다.

얼렁뚱땅 10대 강국 묻어가지 마라, 진짜 강국 아직 멀었다. 부풀림은 거들먹거림으로 이어진다. 진단 오류 불가피하고 해법은 겉돌 게 마련이다. 그러면 미래를 누가 어찌 관리할지 아찔하다.

나도 글깨나 쓴다구

모두가 쓰고 아무도 읽지 않는 시대.
과장어법이지만 오늘의 글세상은 그러하다. 인터넷에서 블로그문화가 생기면서 나도 좀 쓴다는 글쟁이가 속속 선보이더니 급기야 파워 블로거까지 등장했다. 각 분야에서 기자나 작가 말고 이렇게 전문적 지식과 문장력을 갖춘 사람이 많은 줄 미처 몰랐다.

스마트폰 SNS가 확산하자 모두가 쓰는 대열에 가세했다. 카카오톡 페이스북 엑스(옛 트위터) 등을 떠올리면 금방 이해할 것. 엑스는 아예 글자수를 제한하고 있지만 페이스북의 글이 근엄한 계몽주의로 흐를 기미를 보이자 젊은층은 인스타그램으로 떠났다. 거긴 대개 사진 중심으로 간략한 글을 붙여 메시지를 전하고 있는 곳. 페이스북은 중장노인층의 생각자랑 신상자랑 글자랑 무대로 변해 갔다.

대개는 짧은 글, 사진과 사진설명 수준에 머물렀다. 종종 길고 의미 있는 텍스트도 올라왔다. 다들 이러고 있으니 글의 수동적 수요자가 적극적 공급자가 된 셈.

의미는 결코 작지 않았다. 그간 매체의 기자나 작가가 아닌 다음에는 개인의 글쓰기는 일기장 아니면 노트에 끄적거리는 수준이었다. 그러나 포털의 블로그나 페이스북 트위터 등에 글을 올려 고작 열댓 명, 많게는 수천 수만 명의 팔로워를 갖기도 했다. 소위 올드 미디어, 레거시가 가고 뉴미디어가 주류로 등장한 것이다.

더 주목할 일은 글쓰기다. 글은 생각, 나아가 인식과 철학의 표출 아닌가? 무분별하게 좌충우돌하는 글이 여러 파장을 불러일으키기도 했지만 논쟁과 토론의 훈련장으로 역할을 다했다. 다들 쓴다, 그만큼 표현력과 지적 역량이 커진다는 거다.

MZ세대 병영 테마읽기

밀레니얼-Z, 그들이 온다!

2019년 국방일보가 특집으로 다룬 기사 타이틀이다. 사회현상이 청년 의무병이 모인 집단에 그대로 투영되니 세대연구가 급선무인 곳이 군대일 것은 당연한 일. 특히 입영 대상자원과 복무기간이 동시에 줄어드는 이중고로 군대는 초비상 아닌가?

모바일 도박과 군기밀 유출 우려에도 불구, 병영 내 핸드폰 사용을 허용하고 평일 외출도 허락했다. 위수지역 전면 폐지는 논란을 감안해 유보하되 향후 유연하게 대응할 계획. 한마디로 병영문화 전반이 디지털 MZ세대 코드에 맞춰 변화를 지속 중이다.

병장 기준 40만원 수준이던 사병월급은 2023년 100만 원, 2025년 150만 원 이상, 최고치 205만 원이 될 것이란다. 급기야 집권당에서 모병제 방아쇠까지 당기는 일도 벌어졌다. 누가 그랬나, 오늘날 군대는 사실상 해체상태라고.

극단적 우려의 목소리는 병영문화 개선과 전투력 향상을 저해한다. 달라진 청년에 옛날 군기와 병영문화를 강요하는 건 부작용만 더할 뿐. 현대전쟁의 전자 디지털 개념과 사병의 달라진 세대감각을 조화롭게 리세팅하면 더 강한 군대를 만들어 갈 수 있다.

골자는 '훈련은 FM(Field Manual 교본)대로, 내무반 생활은 자유롭게'이다. 일과시간보다 야간이나 주말 내무반 생활이 더 힘들었던 지난날 이등병 일등병 시절을 떠올리는 것만으로 다들 고개를 끄덕일 것. 병영의 문제와 사고는 죄다 거기서 출발했다. 승패를 가르는 건 군기 아닌 상상력이다.

라떼는 말이야!

삼성생명이 2019년 4월에 공개해 유명세를 딴 광고 카피.

'라떼는 말이야'다. 꼰대 사연의 단골메뉴로 인용되면서 상징어로도 통했다. '나 때는 말이야'의 청년 패러디인데 'Latte is Horse'라는 황당한 영어 표현까지 튀어나왔다. 그 다음 이어질 말은 찾는다면 뻔하겠지. 니들 진짜 좋은 세상에 사는 거야!

하긴 누가 그랬다. 4000년 전 바빌로니아 점토판 문자에도, 함무라비법전에도, 소크라테스의 말에도 "요즘 젊은이들 버릇이 없다"는 말이 나온단다. 낡아 부서지는 파피루스에 담긴 더 오랜 글에도 '몹쓸 젊은이' 같은 표현이 등장한다고 할 정도다. 아마도 역사는 호모사피엔스 이래 꼰대와 비꼰대의 대립, 그리고 비꼰대가 어느덧 꼰대가 돼 다시 다음 세대 비꼰대와 갈등하는 걸 반복하며 여기까지 왔는지 모르겠다.

유행하는 6가지 꼰대 증세 한번 같이 되뇌자. ① 나도 왕년에 말이야 ② 어딜 감히 ③ 니들이 뭘 안다고 ④ 내가 누군지 알아 ⑤ 어떻게 나한테 ⑥ 내가 그걸 왜. 꼰대 소리 너무 쫄거나 좌절하지 말자. 그냥 쿨 나이스한 어른이 되고자 애쓰면 그걸로 충분하니까.

젊꼰

'젊은 꼰대' 축약어 젊꼰.

아직 꼰대 나이가 아닌 직장 선배의 꼰대짓을 두고 하는 말이다. 욕하면서 배운다고 그들도 얼마 전까지 직장 고참과 상사의 꼰대짓을 비난하다 어느덧 자신이 꼰대가 된 것. 청년들은 젊꼰을 더 못 견딘다. 진짜 꼰대는 나이라도 들었으니 할 수 있지만 젊꼰이 하는 짓은 참을 수 없는 존재의 아니꼬움이기 때문.

"야, 우리 때는 말도 못했어, 니들 진짜 좋은 세상에 사는 거야!" 마치 제대 앞둔 말년 병장 같은 소리를 해댄다. 이러다 느닷없이 세상 깨달은 도인처럼 말하고 행동하니 후배 신입사원은 돌아버릴 지경이다.

꼰대짓은 나이에 비례하지 않는다. 스스로를 돌아보며 성찰하는 생각과 행동에 따라 완전히 달라지기에 나이 들어도 꼰대 면할 길은 열려 있다. 문제는 나는 꼰대 아니란 착각이 더 무섭다는 것. 진짜 꼰대일수록 그 증세는 심하다.

효율적 이타주의

요즘 젊은이는 이기적이야!

참 많이도 들었다. 역사 이래 "젊은 것들 버릇이 없어"란 말과 함께 같은 말은 반복됐으니 당연한 일이다. 하지만 그건 건성으로, 타성으로 파악한 기질일 뿐, 이기주의도 이타주의도 세대에 맞춰 변형을 거듭한다.

이기주의는 '현명한' '착한' '합리적' '행복한' 같은 수식어를 달아 타인과 사회에 긍정적인 영향을 미친다는 주장이 일반화됐다. 무조건적인 일방 양보와 희생의 불합리성을 감수하기보다는 합리적 이기주의가 더 낫다는 사회적 공감대가 형성된 것. MZ세대가 사회 중심에 진입해 입김이 세지면서 생긴 현상이다.

　이타주의도 변하긴 마찬가지다. 윤리학자 피터 싱어는 '효율적 이타주의(Effective Altruism)'란 용어로 새로운 사회현상을 풀었다. 근거와 추론에 기반해 이타주의를 실현하고자 하는 사회운동으로 과거 무조건적인 자선사업 등과는 다른 방향이다. 어떤 행동이 가장 효율적으로 타인에 긍정적인 영향을 끼치는지를 결과주의 방법론으로 분석하는 점에서 전통적 이타주의와는 차이가 있다.

　이기주의와 이타주의의 변화 역시 MZ세대 몫이다. 다행히도 둘은 수렴점을 향해 이동하기에 종국에 이기주의와 이타주의의 간극이 줄어들지 모를 일이다.

병맛코드

　2010년대 중반부터 간혹 만나는 단어다.

　'병신 같은 맛' 줄임말이 '병맛'이라면 금방 감을 잡지 싶다. 상대방을 조롱 비하하는 의미로 쓰이다 대중문화로 건너와서는 2% 부족한 느낌으로 흘렀다.

　애초엔 IMF 환란 직후 PC방을 중심으로 확산된 웹툰과 게임의 비아냥거림으로 시작했다. 그러나 온라인을 넘어 모바일이 일반화하면서 대중문화 코드로 자리를 잡았다. 흔히 말하는 B급문화 코드와 정서다.

　병맛은 개그에 이어 대중음악 영화 광고에도 등장해 엉뚱한 매력을 뽐는다. 심지어 정치에까지도. 핵심은 권위와 기존 틀을 깨는 사이다 맛이다. B급 정서로 부조리를 풍자 고발해 공감을 끌어내는 시도, 얼마나 신선한가?

요즘 병맛은 기발하고 독특한 콘텐츠란 의미로 사용되기도 한다. 병맛코드, 스마트시대 키워드다. 그래, 좀 모자라고 부족하면 어때!

더불어 책상, CLOE

사무실 책상 공유제.

사무실에 클라우드를 붙이니 신조어가 됐다. CLOE, CLoud Office Evolution. 회사 출근을 거부하고 지속 재택근무를 원하는 직원들을 달래는 대안의 근무체제다. 재택근무을 기본으로 하되, 주 한 번이나 두 번 회사에 나오는 하이브리드 체제의 새 풍속도다.

사무공간이 예전처럼 효율적으로 가동되지 않을 건 당연했다. 2023년 구글은 재택근무와 출근을 병행하는 하이브리드 근무자를 대상으로 'CLOE'이라는 책상 공유제를 도입했다. 순다르 피차이 구글 CEO는 사내 회의에서 "우리는 굉장히 비싼 부동산의 30% 공간만 활용하고 있다. 자원의 낭비도 그렇지만 회사가 마치 유령도시처럼 느껴진다"고 했다.

냉장고는 비고 사무실과 화장실 청소마저 부실해지니 어쩌지 못하는 거다. 그나마 책상공유제는 그 돌파 전략, 공간을 압축적으로 공동 이용해 온기를 돌리려는 것이다. 피차이는 "일주일에

이틀만 사무실에 오는 사람이 많다"며 출근이 겹치지 않는 직원들끼리 책상 공유하는 것을 '자원 효율화'로 봐달라고 주문했다.

더불어 책상, 그리 충격적인 사건은 아니었다. 외근이 잦은 언론사와 일반기업의 영업부서의 경우 오래 전 공유책상제로 돌아섰다. 공동공간에 큰 테이블과 사물함을 놓고 내근자들이나 잠시 들르는 외근자의 사무실로 활용하는 방식이었다. 1인 1책상을 기본으로 삼던 근무행태에서 볼 때 처음에는 다소 불편하고 어색했지만 아무 탈 없이 가동됐다. 하늘 아래, 태양 아래 새로운 것은 없다.

올인이냐, 스타트 스몰이냐?

청년세대는 스타트 스몰이다.

기성세대가 과거 올인으로 승부하던 것과는 다르다. 아니 세상이 올인을 허락하지 않는다. 기회는 늘 불안정해서 올인 이후 실패하면 재기 자체가 불가능하기 때문.

청년들은 매사 진정성과 일관성으로 대응한다. 심지어 내 일상의 디지털 기록이 사회 경제적으로 작지만 의미 있는 데이터가 된다는 생각으로 행동을 일치시킨다. 기성세대가 상상도 못할 일이다.

그렇게 SNS에 쌓인 게 빅데이터의 기본 소스. 전문가들은 그 데이터를 마이닝해서 트렌드를 읽는다. 심지어 심리까지. 마인드 마이닝(Mind Mining)이다. 청년들이 올인 못하는 현실이 안타깝지만 그래도 희망을 읽는다. 희망의 당신, 오늘도 씩씩하게 앞으로 또 앞으로, 그게 거쉬업 초석이려니.

Mind Mining

마음 데이터 수집.

자료를 모으는 행위는 데이터 마이닝이다. 그걸로 유의미한 알고리즘을 만들어가는 마인드 마이닝(Mind Mining)이 새 흐름이다. CRM(고객관계관리) 등 소비자의 기호를 읽는 마케팅 전략으로도 활용된다. 심지어 생산활동에 종사하는 근로자의 멘털을 QC(품질관리) 식스시그마(품질혁신운동) 등으로 읽고 관리하는 수단이 되기도 한다.

예전에도 트렌드맵 작성을 통해 당대 유행을 읽고 소비자의 선호도를 예측했다. 하지만 작금의 마인드 마이닝은 SNS를 통해 쏟아지는 엄청난 데이터를 기반으로 한다는 점에서 차이가 있다. 단순히 빅데이터가 아니라 그것을 선별적으로 가려 스마트데이터를 추출하고 그것을 통계적으로 분석해 소비자의 마음을 읽는 것이다.

심지어는 포장마차를 하나 차려도 주고객들의 동선이 어디서 어떻게 흘러가는지, 아니 어느 골목 어느 구석을 누비는지를 파악해 자리를 잡는다고 하지 않는가? 누가 그랬나, 마음을 얻는 자가 천하를 쥔다고.

MZ력

누가 MZ세대를 비하하는가?

청년은 안목이 낮고 혼란스러우며 버릇없는 부류라는 부정적

인식 말이다. 그들은 역사 이래 반복적으로 그런 질타 속에서 성장했다. 우리 또한 윗세대로부터 같은 평가를 받으며 자라 어른이 됐으니까.

역시 기업은 다르다. 그들의 감춰진 파워를 알아차리고 적극 대응에 들어갔다. 컨설팅사 칸타글로벌모니터의 2021년 연구에서 분석된 것처럼 그들은 열려있고(Open), 경계하며(Vigilant), 수완이 풍부한(Resourceful) 특성을 갖고 있다는 사실을 간파, 기업문화 변혁의 토대로 삼기 시작한 것.

구세대는 뒤늦게 만난 디지털을 과거 아날로그에 입혀 업무에 적응해 갔다. 일부 얼리어답터는 스마트기기를 잘 다루고 사고방식 역시 디지털적이라고 자부했지만 디지털 이주민(Digital Immigrant) 본성을 떨치지 못했다. 강한 유대(Strong Tie)에 집착하는 정서가 대표적이다.

청년 디지털 정주민(Digital Native)는 달랐다. 태생적 스마트기기 세대답게 두뇌구조와 사고방식은 물론 실제 디지털을 다루는 손놀림과 실력까지 모든 게 신인류 기질로 넘쳤다. 느슨한 유대(Weak Tie) 속에서 특이한 스마트 네트워크를 구축했다. 업무방식 회의에 이어 심지어 단합대회와 회식문화까지 바꾸었다.

비하하고 부정해서 득 되는 거 없다. 청년들 워딩 그대로 '삐뚤어질테다'이다. 2017년 레진코믹스 연재로 인기를 끌었던 웹툰 제목이 그랬던 것처럼. 주변을 맴돌며 인상비평하는 것을 삼가라. 그들 정중앙에 몸을 던져야 MZ력이 느껴진다. 지난 수십 년 고쳐 사용하던 것과는 전혀 다른 힘이다. 그들이 추구하는 재미 간단명료 공정 세 가지 명제가 엉켜 뿜어내는 묘한 아우라.

8장

마음챙김의 MZ력

공정하면 비통하지 않다
-변두리 가장자리 흙수저면 어때

The Daily Stoic

데일리 스토익.

번역하자면 '날마다 금욕' 혹은 '매일 스토아처럼' 정도 되겠다. 미국의 스토아사상 연구가 라이언 홀리데이와 스티븐 핸슬먼이 같이 지은 책 타이틀이다. 우리말로는 『하루 10분 내 인생 재발견』(2018년 스몰빅라이프)으로 나와 있다.

MZ세대, 표현은 어눌하지만 삶 자체가 명상이고 종교다. 책의 '좋은 하루를 만드는 방법'이란 글 속에 이런 아메리칸 인디언 경구가 나온다. "신은 인간의 행복을 악마로부터 보호하려 가장 안전한 곳으로 숨겼다네. 그곳은 바로 사람의 마음 속!"

행복은 내 마음으로 만들어가는 것이라는 사실을 전제하면서 욕망의 절제와 스토아사상의 금욕을 얘기한다. 물질의 크기가 옛

날과 같지 않은 요즘 결국 욕망을 줄여 행복지수를 현상 유지해야 할 뿐이다. 우린 MZ세대의 생각과 동작을 따라 스토익 훈련이 필요한 지점에 섰다.

절제와 금욕 연습. 행복은 물질 분의 욕망이다. 물질을 자꾸 키울 수 있으면 무얼 걱정하랴? 한계에 부닥치면 욕망을 줄여 행복의 크기를 유지해야 한다. 무소유와 내려놓기 지혜, 행복은 가격이 아니라 가치임을 명심해야 할 필요가 있다. 췌장암 임종을 앞둔 스티브 잡스가 남긴 말이다.

Mindfulness, Factfulness

팩트풀(Factful)한 삶.

우리는 각종 현안의 팩트를 캐서 판단하며 살아간다. 건조함과 삭막함을 감수하는 것은 기본이다. 그러다 때론 마인드풀(Mindful)한 삶을 찾아 나선다. 황폐한 마음으로는 더 이상 아무 것도 할 수 없어 결국 파멸로 갈 뿐이라는 위기의식의 발로다. 일을 박차고 나와 마음을 찾아 떠나는 이유다.

1974년 젊은 날 스티브 잡스가 게임회사 아타리 근무할 때였다. 유럽 출장길에 회사로 돌아가는 대신 소식을 끊고 잠시 인도를 방랑했다. 복귀 후 곧장 사표를 냈는데 즉각 반려됐다. 여전히 각박함을 견디지 못해 맨발로 사무실을 걸어 다니는 등 괴짜 행동을 했다. 결국 잡스는 돈을 모아 지인과 함께 다시 인도를 7개월 떠돌았다.

이 사연은 지금도 조직생활에 시달리는 사람들 사이 전설로 회자되곤 한다. 그가 내걸었던 애플 경영의 헤드라인 'Think Different'는 그 산물. 문법적으로 Differently가 맞지만 고의로 오류를 낸 것까지 절묘하다.

이 무렵 베트남 출신의 프랑스 명상가 틱낫한이 Mindfulness를 키워드로 Factfulness에 지친 전 세계인을 흔들었다. 청년들은 마인드풀니스를 마음챙김이라고 부르며 그의 프랑스 남서부 보르드 부근 명상공동체 플럼 빌리지에 모여들었다. 그 무렵 명상 요가선 사찰음식 템플스테이 산사음악회 등 바람이 거셌다. 마음을 다잡는 일이 그만큼 소중한 가치였다.

자발적 가난

여러 성인의 삶이 그랬다.

특히나 미국 매사추세츠 콩코드의 월든 호숫가에 오두막을 짓고 살았던 헨리 데이비드 소로가 대표적 실천가다. 우리네 상층부 노블리스의 사회적 책임의식 오블리주 지향점도 그 지점이어야 할 것 같다.

실제 재산이 많더라도 스스로 가난하게 살고자 해야 리더십을 갖게 된다. 거품을 빼고 자발적으로 다운 시프트(Down Shift)를 선택해야 나라를 하나로 꾸릴 토대를 만들 수 있다. 좀 힘들게 살 각오를 해보라. 단 한번만이라도 편안한 풍요 대신 일부러라도 불편한 빈곤 쪽에 서 보라. 그래야 세상을 알게 된다.

빚에 눌려 허리를 펴지 못하는 한 청년, "세상에 부모가 이렇게 잘 사는 젊은이가 많은 줄 몰랐다. 나는 홀로 일어설 기력이 없다"고 탄식한다. 세상이 그를 안아 부추겨야 한다. 발을 땅에 딛고 서야 현실이 보이고 답이 떠오른다. 리더십, 너무 거창하게 논하지 말자. 가난에 공감대 정도는 지닐 수 있어야 한다.

남의 눈에 띄지 않게 살라

쾌락주의자 에피쿠로스의 주문.

좌절의 시간, 청년들은 "남의 눈에 띄지 않게 살라"는 경구를 떠올린다. 에피쿠로스는 "조금에 만족하지 못 하는 자, 모든 것에도 마찬가지"라면서 "진정한 가치를 추구하는 철학으로 나아가라"고 했다. 그의 금욕적 쾌락이 에피큐리즘의 본질인지 병들었던 노년기 회한의 산물인지는 기록이 부족해 아무도 모른다. 다만 나이듦의 지혜를 읽을 수 있어 좋다.

일상의 혼돈과 상처도 철학으로 치료하며 새 길을 열어가야 한다. 13세기 흑사병에 휩쓸려 황폐화한 유럽에서 인문학 르네상스가 발흥한 것만 봐도 알 수 있다. 길을 잃고 떠돌면 마음이 단단해진다. 아니 길을 잃어봐야 지난날을 돌아보며 생각의 깊이를 더해갈지 모르겠다.

여러 갈래의 길, 걸은 길과 걷지 않은 길을 굳이 나눌 것 없다. 큰 길이나 익숙한 길에 좌절이 있고 작은 길 혹은 서툰 길에 경의가 있을 수 있기에. 니코스 카잔차키스의 『그리스인 조르바』에 나오는 문구를 같이 되뇌어 보자. 그의 묘비명기도 하다. "나는 아무 것도 바라지 않는다, 아무 것도 두렵지 않다, 나는 자유다." 욕망은 고통이다.

가장자리 서기

돌부리 가시밭길.

우리가 걷는 길은 유행가 가사 그대로다. 바람에 맞서 걷다 돌부리에 발가락을 다치기 다반사. 그러나 낯선 것에 대한 설렘으로 깨어 있기만 하면 시련은 잠시다. 두렵고 떨리는 마음으로, 거기에 나를 풀어 놓으면 아름다움이 보인다.

미국의 사회운동가 파커 J 파머의 표현으로 '가장자리 서기(On the Brink)'다. 벼랑 끝에 서기라고 해도 좋다. 중심에서 빠져나와 가장자리나 벼랑에 서야 헛것을 가려낼 수 있다는 거다.

그게 진정한 자유다. 사실 파머는 '가장자리' 보다는 '비통한 자들(The Brokenhearted)'로 더 유명하다. '비통한 자들', 원제목을 직역하면 '마음이 부서진 자들'이다. 그의 『비통한 자들을 위한 정치학』이 우리 사회 베스트셀러 반열에 오른 건 잘 알 거다.

제목으로는 무슨 책인지 알 길이 없지만 원제를 보면 금방 감이 잡힌다. 'Healing the Heart of Democracy', '민주주의의 마음 치료하기'라 직역할 수 있겠다. 저자는 민주주의를 견고하게 하는 인프라는 마음이라는 논지를 편다. 시민들에게 민주주의를 여망하는 '마음 습관'을 길러야 한다는 것.

그는 "마음이 부서져 흩어져버리면 그뿐, 대신 깨져서 열린 사람들이 정치의 주축을 이뤄 차이를 창조적으로 끌어안고 힘을 용기 있게 사용한다면 보다 평등하고 정의롭고 자비로운 세계를 이룰 수 있다"고 말한다. 파머의 말대로라면 비통한 자들, 즉 마음이 부서진 자들에 의해 민주주의는 진보한다. 가장자리에서, 아니 벼랑에서 보는 세상이 진짜다.

얀테의 법칙

늘 그랬다.

밀실은 음모로 얼룩지고 광장은 다시 둘로 갈라서기 다반사. 시절의 힘든 기억이 스친다. 모두에게 고통은 현재 진행형이다. 화려함 뒤 흔들림은 더 아프게 마련이다. 이대로 나라는 언제까지 성할까 두렵기도 하다.

청년들이 '얀테의 법칙(Law of Jante) 10가지 행동지침'을 간직하고 사는 게 참 다행이다. 덴마크 출신 노르웨이 작가 악셀 산데모사의 1933년 소설 『도망자, 그의 지난 발자취를 따라 건너다』에 나오는 스칸디나비아국 가상마을 '얀테'에 삶의 룰을 붙인 게 바로 그것. 나열하면 이러하다.

당신이 남들보다 ① 특별하다고 ② 좋은 사람이라고 ③ 똑똑하다고 ④ 낫다고 ⑤ 많이 안다고 ⑥ 중요하다고 ⑦ 뭐든지 잘 한다고 ⑧ 가르칠 수 있다고 생각하지 말라는 것. 여기에 ⑨ 다른 사람을 비웃지 말며 ⑩ 다른 사람이 당신에게 관심 있다고 착각하지 마라, 해서 모두 10개다.

토를 달 것도 없다. 스칸디나비아 3국 사람들이 욕심 없이 겸손하게 사는 바탕에 얀테의 법칙이 자리하고 있다. 그래서 '보통사람의 법칙'이라고도 한다. MZ세대는 스스로 특별하지 않은 보통사람을 자처한다. 하지만 어딘가에 숨어 엣지를 갈고 세운다. 완성작이든 비완성이든 한번은 휘둘러볼 거라며.

사토리세대

'깨달음'이라는 의미의 사토리(悟り), 득도세대다.

일본 아사히신문이 2013년 쓴 사토리세대 특성은 자동차나 명품에 흥미가 없고 필요 이상의 돈을 벌겠다는 의욕이 없으며 해외여행에 관심이 적다 등이다. 눈길을 끄는 것은 '태어나 자란 곳에 남기를 바란다'는 것. 연애에 소극적이며 인터넷에서 정보를 얻지만 독서도 좋아한다 등을 따로 꼽았다.

무서운 젊은이들 아니고야 그 나이에 이런 득도를 할 수 있을까? 명상가나 수도승 같은 청년들, 장기불황의 늪에서 죽을 것 같은 고통을 사토리로 승화시켰다고 봐야 한다.

쓰쿠시(つくし 모든 것을 위해 힘을 다하다) 세대의 후유증이다. 거품이 빠진 피폐한 사회에서 꿈은 부질없고 아픔만 부를 것이라는 사실을 미리 알아차린 것. 비록 강요당한 득도일지라도 그걸 체화해 살고 있는 청년에 격려를 전하는 게 맞지 싶다.

욕망을 줄이고 살라는 시대의 강요를 자발적 '사토리'로 포장한 청년들. 일본의 단카이세대 신인류세대 빙하기세대와도 일맥상통한다. 한국에서는 'N포세대' 이어 '달관세대'란 용어로 사토리를 대신했고 중국에선 '탕핑(躺平 바닥에 눕기)족'이 됐다.

사토리를 패러디한 미래경영전략까지 나왔다. 일본의 저명 투자가인 코먼스투자신탁 이이 데쓰로 대표는 30년 후에도 살아남을 기업을 판별하는 기준으로 'SATORI 전략'을 들었다. 사회기여(Society) 민첩성(Agility) 기술(Technology) 해외진출(Overseas) 복원력(Resilience) 융합(Integration)의 영문 앞글자를 따서 만든 조어다.

일본의 '잃어버린 30년' 기간 중 죽지 않은 기업은 득도한 것이나 다름없다. 그 내공으로 2020년대 들어 일본기업의 움직임은 달라졌다. 도시바처럼 사라진 기업도 없지 않지만 소니 히타치 등 옛 명성을 회복해 가는 기업이 꽤나 많다. 핵심동력은 SATORI 6가지 요소. 통섭으로 닦아 올린 득도까지 단단히 한몫을 하는 느낌이다.

모든 게 생존을 위한 벼랑 끝 선택이다. 위기를 앞에 두고 달관 득도하는 그들이 그저 놀랍다. 한편으론 자본의 횡포와 억압에 대항하는 느낌 때문에 마음 한구석, 서늘함을 지우지 못한다.

Mild Yankee

내친 김에 마일드 양키.

일본 조어다. 겉모습은 착실해 보이지만 내면은 양키, 약간 날라리나 건달배 성향을 지닌 젊은이를 지칭한다. 양키가 웬 날라리 건달? 1970년대까지 일본에서는 양키를 그렇게 묘사했다. 거기 마일드를 붙였으니 온순한 건달배 정도 번역 가능하겠다.

일본 광고회사 하쿠호도(博報堂)의 청년연구소 소장인 하라다 요헤이가 2014년 『양키 경제소비의 주역, 신보수층의 정체』라는 저서에서 처음 사용했다. 문화적 교양이 떨어지며 목표의식이 부족하고 공격적인 성향이 낮은 젊은이들을 일컫는 용어였다.

주목할 대목은 도쿄 등 대도시에서 출세하는 것보다 지방 소도시 등 자신이 살고 있는 곳에서 가족, 친구들과 함께 머물며 생활하길 원한다는 것. 멀리 여행가기보다는 집 근처나 가까운 쇼핑몰을 이용하길 즐긴다.

출세와 물질을 중요하게 생각하지 않는 사토리세대와 여러모로 흡사하다. 저소득이긴 하나 저축 대신 소비 욕구가 상대적으로 커 일정 구매력을 갖고 있다는 평가다. 그래서 마일드 양키 마케팅도 유행했다.

이로 인해 일본은 인구 정체와 감소 우려에도 불구, 지방소멸의 위기감이 그리 높지 않다. 봉건사회의 역사 DNA 때문이라는 추론이 가능할 것 같다. 살아가기 위해 서울수도권으로 몰려드는 우리네 청년들과는 차이가 난다. 나라의 프레임 자체가 다른 때문인지도 모르겠다.

케렌시아

스페인어 Querencia.

애정 애착 귀소본능 안식처로 푸는데 특히 피난처에 방점을 찍는다. 애초 케렌시아는 마지막 일전을 앞둔 투우장의 소가 잠시 쉴 수 있도록 마련해 놓은 곳을 일컫는다. 최근 들어서는 일상에 지친 사람들이 몸과 마음을 쉴 수 있는 재충전 공간이란 뜻으로 많이 쓰인다.

스트레스와 피로를 풀며 안정을 취할 수 있는 곳, 또는 그런 데를 찾는 경향성까지. 누구나 몸과 마음이 지치면 자신만의 힐링 공간이 필요하다. 케렌시아는 이러한 배경에서 나온 용어로 카페 음악회 공연장 해외여행 등 사람에 따라 다양하게 나타난다.

심지어 퇴근길 버스의 맨 뒷자리, 내 젊은 날 그랬고 오늘의 청년들도 거기 앉아 흔들리며 간다. 젊은층의 치유방식이자 특권이다. 언제 타인의 뒷덜미를 보며 앉으랴. 아니 눈치 안보고 내가 취하고 싶은 자세로 하고픈 동작을 하랴. 짧은 시간 긴장된 몸과 마음을 내려 해체하는 맛이 짜릿하다.

집안이나 사무실에 자신만의 휴식처를 만드는 것도 케렌시아에 해당한다. 인테리어에 신경을 쓰는 것은 당연한 일이다. 식물로 실내를 꾸미며 공기정화와 심리적 안정 효과를 기하는 '플랜테리어 (Planterior)', 그리고 업무 스트레스를 줄이고 심리적 위안을 얻는 '데스크테리어(Deskterior)' 등이 대표적 사례.

슈필라움(Spielraum)도 엇비슷하다. 독일어 Spiel(놀이)과 Raum(공간) 합성어로 남에게 방해받지 않는 나만의 놀이터란 의미다. 케렌시아와 다르게 일터 쉼터 놀이터 의미를 다 담고 있다. 최악의 경우 그들은 Cocoon(누에고치 보호막)으로 숨어들어 숨만 쉬며 디지털기기를 켠다.

관련한 신조어는 얼마든지 더 생겨날 조짐이다. 고단함을 달래며 자아실현의 길을 가야 하는 건 다 마찬가지이기에.

YOLO

You Only Live Once라 풀어 적고 욜로라 읽는다.

MZ세대 삶의 철학이다. 굳이 번역을 하자면 한 번뿐인 인생. 그러니 지금 기회를 놓치지 말고 현재를 즐기며 살아야 한다는 의미가 담겼다.

현재를 즐기며 사는 태도! 그렇다, '카르페 디엠(Carpe Diem)'. 지금 순간에 충실하라는 뜻의 라틴어다. 영어로는 'Seize the Day' '현재를 잡아라' 정도로 해석할 수 있겠다.

로빈 윌리엄스 주연의 1989년 영화 '죽은 시인의 사회'에서 키팅 선생이 학생들에 자주 외쳐 유명해졌다. 영화에서 카르페 디엠은 미국 사립 명문고의 전통과 규율에 도전하는 학생들의 자유정신을 상징한다.

욜로도 딱 그것이다. 자칫 쾌락주의나 케세라이즘(Queseraism 될 대로되라주의)으로 오해될 여지를 깨부순다. 욜로는 사회적 통념을 깨는 자유주의다.

스트룹효과

검정이란 단어를 빨간색으로 썼다고 치자.

단어 인지의 혼란이 생긴다. 단어의 의미와 글자의 색상이 일치하지 않은 탓이다. 바로 스트룹효과(Stroop Effect)다.

우리는 단어의 의미를 눈과 뇌로 자동 처리한다. 검정이란 단어에서 무의식적으로 떠올리는 색감이 있는데 빨간색이 그걸 방해해 혼선이 발생하는 것.

그래서 정확히는 스트룹 간섭효과(Stroop Interference Effect)가 옳다. 가짜도 오래 익숙해지면 진짜로 둔갑하는 판인데 간섭효과쯤이야 별것도 아니다. 프랑스 철학자 장 보드리야르는 모사된 이미지 즉 시뮬라크르(Simulacre)가 실재를 대체한다는 시뮬라시옹 이론을 펴기도 했다.

인격체의 발언도 마찬가지다. 이미 형성하고 있는 이미지와 실제 말 행동이 불일치할 때 의심과 비판이 생겨나게 마련 아닌가? 우리가 잘 살펴 일일이 인식하지 못할 뿐 일상의 삶에서 이런 일은 다반사다.

시대의 모습이 새로 주어진 세상 변화상과 자꾸 어긋나니 혼란이 잦아들지 않는다. 온통 우리를 짓누르는 '가짜'와 '거짓'의 원형질은 무엇인가?

진짜 가짜 그리고 진정성

사랑을 카피하다(영어명 Certified Copy).

이란의 거장감독 압바스 키아로스타미가 2010년 만들어 이듬해 개봉한 영화다. 배우 줄리엣 비노쉬는 2010년 칸영화제 여우주연상을 받았다. 국내 흥행은 참패했다.

영화는 『인증받은 복제품』이라는 책을 쓴 작가 제임스 밀러가 강연 차 이탈리아 투스카니에 갔다 만난 자신의 저술 팬 골동상 엘르와 나누는 사랑과 예술에 관한 얘기다. 원본과 복제품의 예술 담론을 진실 혹은 거짓의 사랑과 교차시켜 격조를 더한다. 마을 인근 하루짜리 가벼운 여행 중 제임스는 엘르에게 "사랑을 카피해도 되나요?"라는 질문을 던지는데 이게 제목으로 이어졌다.

복제품 혹은 카피본을 대하는 대중의 시선과 인식은 단호하다. 가짜 사기 법적대응 등 단어를 먼저 떠올린다. 하지만 영화에서 키아로스타미 감독이 전하는 메시지는 다르다. 모방은 단순히 원본기록이 아니라 원본을 뛰어넘는 탁월한 예술적 가치로 나아갈 수 있다는 철학.

'진짜 부부'를 복제한 제임스와 엘르의 역할극은 깊이를 더한다. 무너질 듯 말 듯한 진실과 거짓의 경계선이 위태롭다, 두 사람의 사랑과 예술에 관한 대화와 흔들리는 감정선이 몰입도를 더하게 한다.

제임스는 자동차를 타고 가면서 엘르에게 길가의 사이프러스 나무를 보라고 말한다. 나무는 당연히 원본이다. 이 나무를 그림으로 똑같이 그려 걸면 무엇이 풍경이고 무엇이 그림인가? 만일 그런 예술품이 있다면 원본 진위를 따지는 게 무슨 소용이냐는 거다.

영화 막바지 결국 엘르는 제임스를 간절히 원한다. 엘르는 제임스와 함께 15년 전 신혼여행지 호텔방으로 들어간다. 제임스는 한 시간 후에 열차를 타야 한다고 말한다. 그는 성당 종소리를 들으며 갈등한다. 이게 가짜라 해도 이 여자와 사랑에 빠져 눌러살 수도 있지 않을까?

관객은 헷갈린다. 두 사람은 진짜 부부인가, 과거 부부였던 건 아닐까? 영화를 가로지르는 복제품의 예술철학처럼 진짜와 가짜의 경계는 모호하게 마련인데. 순간 제임스의 표정은 혼란스럽다. 영화는 사랑의 감정도 복제품과 마찬가지로 차가운 진실보다는 선하고 아름다운 거짓의 진정성을 높이 사야 한다는 메시지를 던지는 듯하다.

우리가 세계 유명 박물관에서 만나는 모나리자 등 걸작들. 인증받은 카피본에서 진짜의 감흥을 받으며 돌아선다. 모파상의 대표작 '진주 목걸이'의 주인공은 친구에 빌려 파티에 왔다 잃어버린 가짜 목걸이를 진짜인줄 알고 참담한 고생 끝에 번 돈으로 진짜를 사서 돌려주는 것까지. 진짜와 가짜가 만들어내는 곡절은 이리저리 엉킨다.

눈물 왈칵(1)

이런 사연 하나.

스웨덴 현대정치 영웅 타게 엘란데르 총리 부인 아이나 안데르손 애기다. 1985년 엘란데르가 눈을 감은 며칠 후 미망인 안데르손이 내각을 찾아왔다. 손에는 '정부소유'라고 새겨진 볼펜과 연필 몇 자루를 끈에 묶어 들었다. 남편 유품을 정리하다 개인 소유가 아닌 물건을 반납하러 왔다는 거다.

눈시울이 더워진다. 이 나라 국민은 얼마나 행복할까? 공사를 못 가리고 나대다 온갖 수모를 겪는 우리네 리더와 그의 가족을 떠올리자면 가련하기도 하다. 왜 우리는 그러지 못하나? 공정을 최고의 가치로 삼는 MZ세대에 나라의 투명성을 기약해야 할 것 같다.

눈물 왈칵(2)

몇 해 전 대입 수능시험 직후였다.

한 수능생이 SNS에 글을 올렸다. 놀이공원이나 매장의 수능생 할인 이벤트를 수능수험표가 아니라 고3 학생증으로 혜택을 부여해야 한다고 썼다. 다들 별 반응이 없었다.

다른 학생이 잇따라 올린 글에 분위기는 달라졌다. "진학 대신 취업을 택한 여학생이 친구들과 놀이공원을 갔는데 수능 수험표를 제시한 학생들만 할인 혜택을 받고 취업의 길을 가기로 한 학생은 제외됐다."고 문제를 삼았다.

이어진 글. "친구는 살짝 눈물을 글썽이나 싶더니 급기야 울음을 터트렸다. 대학 진학을 못하는 설움, 참고 참았던 눈물을 쏟아냈다." 돈의 크기 문제가 아니다. 세상사람 생각의 크기를 말하고자 함이다. 평면적으로 바라본 세상은 아무 탈이 없다. 하지만 입체화해서 보면 완전히 다르다.

사회 분위기는 확 달라져 무개념의 차별을 당장 없애자는 바람이 일었다. 수능 수험표가 수혜의 징표가 되고 있는 사이 누군가는 깊은 상처를 입고 있다면 그건 분명 정치적으로 부당(Politically Incorrect)하다. 일부 지자체장이 관할구역의 행사에서는 배려 없는 차별을 바로 잡겠다고 나섰다.

MZ세대의 사전에 차별은 없다. 비록 힘들게 살아가지만 공정을 추구하는 정치적 올바름이 그들 삶의 바탕이다. 기성세대가 사욕을 채우기 위해 온갖 비리를 당연시하는 것에도 저항하지만 재미를 즐기는 과정에조차 부당한 갈라치기를 배격한다. 정의롭지 못한 장애물 제거가 우선이다. 고단해도 당당해야 한다는 올곧은 마음 하나.

그냥 한 줌 흙이고 자연이거늘

혼란과 절망감으로 축 처지고 가라앉을 때 스콧 니어링을 떠올린다. 1883년 미국 소수 권력층 집안에서 태어나 자리를 탐하지 않고 진보 지식인 운동가의 길을 걸었던 인물이다.

헨리 데이비드 소로의 간소한 생활, 카를 마르크스와 프드리히 엥겔스의 착취에 대한 저항, 마하드마 간디의 비폭력 등의 영향을 받았다. 계급투쟁과 소박한 삶 그리고 흐트러지지 않는 정신과 균형 잡힌 인격체 완성을 추구하며 치열하게 살았다.

나이가 죽음에 가까워졌다. 어느 날 그는 부인 헬런에게 "내가 땔감조차 운반하지 못할 때 자연으로 돌아가리다."는 소박한 말을 던졌다. 만 100세인 1983년 스콧은 생명연장을 위한 의학적 배려를 거부하고 물 음식을 끊으며 품위 있게 죽음을 맞았다.

마지막 순간에 부인 헬런은 속삭였다. "여보, 이제 무엇이든 붙잡고 있을 필요가 없어요. 몸이 가도록 두어요. 썰물처럼 가세요. 같이 흐르세요. 당신은 훌륭한 삶을 살았어요. 새로운 삶으로 들어가세요. 빛으로 나아가세요. 사랑이 당신과 함께 가요. 여기 있는 것은 모두 잘 있어요." (헬런 니어링 『아름다운 삶, 사랑 그리고 마무리』 1997년 보리출판사)

좌절의 세월, 스콧 니어링은 MZ세대에 무엇인가? 삶의 철학과 말, 행동의 일관성을 깊이 되새긴다.

우분투를 아는가?

그대 있음에 내가 있다, 우분투(Ubuntu)!

남아프리카공화국 건국이념이다. 세계인의 친구 이미지로 노벨 평화상을 받은 코피 아난 전 유엔사무총장의 무의전 겸손 소탈 정신도 우분투에서 나왔다. 유엔 사무국 직원들은 지금도 코피 아난의 영감으로 일을 한다고 칭송할 정도다.

송창식의 '그대 있음에'에도 "그대 있음에 내가 있네"라는 가사가 나온다. 시인 김남조의 1964년 시에 송창식이 곡을 붙여 1976년에 발표한 노래다. "사는 것의 외롭고 고단함 그대 있음에 사랑의 뜻을 배우니."

어디 외롭고 고단하지 않은 세대가 있었을까만 오늘의 MZ세대만 하랴! 그대를 희망으로 오늘의 절망에 버텨선다.

모라벡 역설

인간에게 쉬운 것은 컴퓨터에게 어렵다.

반대로 인간에게 어려운 것은 컴퓨터에게 쉽다. 모라벡의 역설(Moravec's Paradox)이다. 미국의 로봇 공학자인 한스 모라벡이 1970년대에 인간과 컴퓨터 차이를 '어려운 일은 쉽고, 쉬운 일은 어렵다(Hard problems are easy and easy problems are hard)'는 표현으로 설명한데서 비롯됐다.

인간은 느끼기 듣기 보기 의사소통 등 일상적인 행위는 쉽게 할 수 있는 반면 복잡한 수식 계산엔 약하고 많은 시간과 에너지를 소비해야 한다. 반면 컴퓨터는 인간의 일상적인 행위를 수행하기 어렵지만 수학적 계산과 논리 분석 등은 순식간에 해낸다. 결국 인간은 체스나 바둑 전문 컴퓨터를 개발할 순 있어도 운동과 지각 능력을 갖춘 기계를 만들긴 쉽지 않다.

뉴스는 AI 급진전 소식을 거푸 전한다. 십수 년 전부터 뇌-컴퓨터인터페이스(BCI Brain-Computer Interface) 얘기가 나오는가 싶더니 2024년 벽두엔 반도체칩의 인간뇌 이식수술 소식이 전해졌다. 테슬라 CEO 일론 머스크가 자신의 뇌신경과학 스타트업 뉴럴링크 주도의 파격실험 사실을 공개했던 것.

이번에 인간뇌에 이식된 칩의 닉네임은 '텔레파시'. 생각만으로 컴퓨터기기를 작동하고 제어할 기능을 주목한 네이밍이다. 숱한 도전이 이어져야 성과를 확신할 수 있겠지만 전신장애인은 물론 우울증과 알츠하이머 환자 등에 획기적인 의료 서비스를 제공할 수 있으리라는 기대가 우선이다. 안전과 윤리, 심지어 인간안보에 닥칠 위험 또한 해결해야 할 숙제다.

너무 두려워 말되 인간/기계 차별점에 집중하며 새 길을 열어야 할 것 같다. 교과서적이고 원론적이지만 인간성 회복이 키워드다. 인간화와 인간성은 차원이 전혀 다르다. AI가 제아무리 학습과 판단을 고도화해 인간화의 길을 간다 해도 인간성마저 베낄 수 있을 텐가?

인간과 다른 동물과 관계도 마찬가지다. 살아있는 모든 것을 아끼고 사랑하는 마음을 간직해야 한다. 그 심성이 AI 등 지능기계와 관계 정립의 기초 토대로 자리한다. 인간은 그들과 때론 불안하게, 간혹은 아름답게 공존하며 오늘을 사는 거다. 인간성 회복의 미래 AI산업학 길을 찾는 것만이 대안이다.

Wishful Thinking

희망사항 Wishful Thinking.

전문용어론 소망투시라고 한다. 일상을 희망 혹은 소망으로 덧씌우는 건 흔한 일이다. 긍정심을 말하는 출발점도 소망투시 아닐까 싶고. 하지만 허황한 희망이나 소망이라면, 아니 잘못 입력된 팩트를 진짜로 알고 반복해 우기는 희망이나 소망이라면, 우스개가 될 우려가 다분하다.

책을 아예 안 읽은 사람보다 한 권만 읽은 사람이 더 무섭다고들한다. 무슨 의미인지 더 설명이 필요 없다. 편향성은 무섭다. 비틀린 지식의 허영과 거품을 빼고 생각의 부피를 키워야 하는 게 핵심이다. 늘 소망투시 하되 무모한 소망이랑 잘 접어 강물에 띄워 보내자.

거쉬업 분수로 분출하는 물줄기. 잘 솟구치다가 한순간 사방 균형을 잡지 못하면 난장판이 되고 만다. 균형감, 얼마나 절실한 가치인가?

세상의 소리 없는 아우성

세상은 유례없이 풍요롭다.

하지만 약간의 긴장감으로 작은 울음소리를 들어야 한다. 외침이라고 해도 좋다. 건강학에서 몸이 외치는 미세한 소리를 들어야하는 것과 같다.

'편안한 긴장(Relaxed Alertness)'이다. 자율신경이 이상증세를 감지하고 여기서 자연치유력과 회복력도 극대화한다. 너무 풀어져 흐느적거려도 너무 긴장해 딱딱하게 굳어도 안 된다.

세상의 이치도 마찬가지여서 정신줄을 놓으면 세상의 신호를 다 흘려보내고 너무 긴장하면 형식에 얽매여 의미를 붙잡지 못한다. 인위적이거나 비틀린 울음이나 외침은 거짓이다.

거리를 두고 세상의 외침을 캐치해보라. 누군가에 억눌리거나 조율되지 않는 소리를 붙들 수 있다. 어디에도 정직한 아우성이 없으니 치유책은 물론 진단조차 쉽지 않다. 거추장스런 형식을 걷어내는 게 먼저다.

디자이어 패스

갈망의 길, 'Desire Pass'다.

'욕망의 길'이라고도 한다. "사람이나 동물이 자주 다녀 생긴 작은 길"이란 뜻. 가로질러 다니다 생긴 길이다. 대개 두 지점 사이 최단거리 아니면 지름길이기 십상이다.

멀쩡한 길을 두고 처음 누군가 두리번거리며 가지 않았다면 새 길은 애당초 생기지 않았을 테다. 뒤에 오는 사람은 덩달아 덕을 보는 건 당연하다. 중요한 건 속도가 아니라 방향이다. 가로질러

닿는 곳이 나쁜 곳이라면 차단함이 옳다. 세상은 갈등의 수렁이 기에.

서산대사가 남긴 걸로 알려진 선시 한 토막. 눈덮힌 들판을 밟아갈 때/모름지기 어지럽게 걷지 마라/오늘 나의 발자취는/뒷사람의 이정표가 되리니! 한문으로는 踏雪野中去(답설야중거)/不須湖亂行(불수호란행)/今日俄行跡(금일아행적)/燧作後人程(수작후인정)이다. 갈망의 길이든 욕망의 길이든 비틀거리면 안 된다.

Blank

쉼(Blank)은 공백이다.

간혹 단절로 나타난다. 하지만 청년들은 블랭크는 두려워하지 않는다. 요즘은 부부 한편의 일방적인 경력 단절을 차단하기 위해 교대식 육아휴직까지 서슴지 않을 정도니까.

남성 육아휴직의 길을 연 스웨덴에 카메라를 댄 EBS 현장 르포. 젊은 아빠들이 주택가 공원이나 마트를 맴돈다. 한 손에 커피, 다른 손에 유모차, 그렇게 해서 붙여진 닉네임은 '라테파파(Latte-papa)'다. 물론 엄마는 지금 회사에서 일하고 있겠지.

진행자가 질문한다. "회사 일과 장래가 걱정되진 않나요?" 돌아오는 답은 간단명료하다. "아뇨. 육아는 회사의 눈치를 보거나 다른 일과 비교할 대상이 아니거든요."

카메라는 달려 회사 CEO에 옮겨간다. "필수직원이 육아로 휴직하면 회사는 손해를 입는 것 아닙니까?" CEO는 답변에 망설임이 없다. "처음엔 걱정을 했죠. 그런데 육아휴직을 갔던 직원은 다른 면에서 더 성숙한 모습으로 돌아와 회사에 보탬이 되더라고요." 이쯤은 돼야 한다. 이러니 스웨덴이 엄마아빠 구분 없는 육아휴직의 전범이 되는구나 싶다.

블랭크, 특히 육아를 위한 돌봄휴직은 삶의 새 출발이다. 아기를 키우면서 숨 가쁘게 달려온 길을 돌아본다. 앞으로 가야 할 길이 더 선명해진다. 특히 정상 혹은 정상 부근에서 블랭크는 보약이다. 절정에서 권력이나 자만에 취하면 매사를 그르친다.

간절히 블랭크를 원하면서도 기회를 갖지 못하는 사람들도 많을 거다. 특히 정신없이 내달리는 택배기사를 보노라면 어디 남은 블랭크 없을까 두리번거리게 된다. 부디 어디선가 행복한 쉼을 찾아 멋진 내일을 기약하는 시간되기를. 열심히 달려온 그대, 블랭크는 두렵지 않다.

라떼파파

Lattepapa, 조금 더 보태자.

꼰대의 상징어 "라떼는 말이야"와는 전혀 다른 라떼, 라떼파파! 스웨덴 등 북유럽에서 나온 신조어다. 한 손에 커피를 들고 다른 손으로 유모차를 끌고 다니는 육아 아빠들을 일컫는다. 남녀 공동 육아 문화가 걸음마 수준이라 약간은 생경한 풍경일 수 있다.

두 가지 인프라가 받쳐줘야 한다. 하나는 여성의 노동권 신장, 다른 하나는 남성의 육아 참여에 필요한 노동 복지정책이다. 특히 젊은 육아아빠가 속한 회사나 조직의 시선과 문화가 달라지는 게 핵심이다. 둘이 유기적으로 엉켜야 완전체 라떼파파가 만들어진다. 라떼파파, 얼마나 아름다운 이름인가?

마크 로스코

스티브 잡스가 사랑한 미술가.

인터넷만 잘 서치해도 그의 작품에 푹 빠질 수 있다. '색면 추상'이라 불리는 추상표현주의의 선구자였던 러시아 출신 미국 화가 마크 로스코. 인간 깊은 내면의 감성을 모호한 경계의 색채 덩어리로 표현했다는 평을 받았던 미술가다.

로스코의 작품세계가 압축하는 슬픔의 미니멀리즘은 이젠 좀 불편하게 살라고 주문하는 코로나의 메시지와 비슷한 느낌으로 다가선다. 그가 즐겨 사용하는 극도로 절제된 이미지에 흐르는 비극적 감정이 억눌린 우리들 마음을 닮았다는 생각.

로스코는 1950~60년대 인기를 얻어가면서도 작품이 곧 막다른 골목에 다다를지 모른다는 걱정에 사로잡혔다. 또한 예술이 자본의 논리에 종속되는 현상에 대해선 본능적 저항 같은 게 작동했다.

그런 연유로 말기 작품에서는 단 하나의 가로 선으로 화면이 둘로 나눠 단색에 가까운 색을 칠하는 방식을 선호했다. 특히 어둔 계열의 주황 노랑 오렌지색 직사각형의 화면은 마치 시대를 에워싼 감옥 같은 느낌이다.

작가는 그것을 추상이 아닌, 인간의 기본적인 감정이라고 했다.

결국 그는 우울증과 건강의 악화로 1970년 2월 25일 뉴욕에 있는 자신의 작업실에서 스스로 목숨을 끊었다. 67세. 로스코는 세상과 거리두기 예술가였다.

꼰대/면꼰대

어찌 꼰대를 면하나요?

조직마다 꼰대 면하자는 바람이 거세다. 꼰대 유형을 알리고 심지어 면꼰대 탈꼰대 사내교육까지 개설된단다. 재밌기도 하지만 개그 같아서 씁쓸함을 떨치기 어렵다.

흥미로운 대목은 진짜 꼰대는 스스로 나라는 사람은 절대 꼰대 아니라고 믿는다는 것. 그러니 교육효과가 있을 리 만무하다. 심지어 본인보다 훨씬 덜 꼰대인 동료를 꼰대라고 비난하기 일쑤다. 그만큼 꼰대 탈출이 어렵다는 의미다.

면꼰대 교육 자체가 꼰대 발상이다. 그 교육을 누가 오더하겠냐를 생각하면 답이 나온다. 출근 때 커피를 사들고 오거나 사무실에서 직접 커피를 타 마시며 하루 일과를 생각하라. 개인적인 일은 스스로 감당하며 오늘 점심을 혼자 먹을 수 있어야 꼰대를 면한다.

회의 때나 다른 조직원들과 대화 때 '옛날에는 말이야, 내가 니들 만할 때는' 같은 말을 사용하지 않는 건 기본. '라떼는 말이야'만 지워도 절반 탈꼰대 면꼰대한 거다. 혼자 다녀라. 떼로 몰려다니는 게 꼰대 습성이다. 디지털 철학을 익혀라. 한마디로 면꼰대는 이런 모습이어야 하리. 홀로선 스마트 노마드!

유체이탈

체외이탈이라고도 한다.

영어로 Out of Body Experience 약어로 OBE 혹은 OOBE, 유체이탈이다. MZ세대는 OBE화법을 기피한다. 진정성 없이 오직 자극적이기만 한 화법에 거부감을 드러내는 것. 스스로를 속이는 것도 다반사다. 목소리 큰 사람이 이기는 투전판 같은 느낌이다.

무슨 강좌마다 소통과 수렴을 말하는데 실제 현장에선 그런 개념 완전 실종상태. 적과 우군을 나눠 찬반의 무리짓기에 바쁘니 갈등해소의 접점을 찾긴 난망하다. 우린 어디론가 표류 중이다. 차라리 말을 아끼고 줄이는 게 어떨까? 묵언의 시간, 나를 먼저 돌아봐야 길이 드러날 듯하다.

Benign Virus

버나인 바이러스.

바이러스란 단어에 극도로 민감한 반응을 부르겠지만 선의 바이러스를 얘기다. 친절 바이러스로 이해하면 된다.

긍정적 생각이 좋은 마음을 부르고 그게 삶의 최고 동반자가 된다. 나쁜 바이러스 아니 혹독한 바이러스를 버텨 이기기 위해 버나인 바이러스를 맞세우는 게 불가피하다.

세상은 온통 멀라인 바이러스(Malign Virus 악의적 바이러스) 투성이다. 세상사 모든 것을 부정적으로 해석하며 불화하니 감정의 골은 더 깊어질 수밖에. 사회적 거리두기로 찾아온 코로나 블루까지 겹쳐 우울증은 깊다.

해피 바이러스를 퍼트려 달래야 한다. 선의를 선의로 받아들이는 진정성, 심지어 악의도 선의로 해석하려는 배려와 아량이 절실하다.

그야말로 옛날식 사랑, 슬로러브.

슬로푸드라더니 이젠 슬로러브다.

사랑이야말로 터치고 콘택트인데 거리두기 언택트 시대가 몰려왔으니 뭔가 어색하고 고통이다. 어쩌지 못한다. 속도전을 벌여왔던 연애와 사랑에 급제동이 불가피하다. 심지어 인스턴트 사랑이네, 원 나잇 스탠드네 하던 시절이 가고 우리 앞에 놓은 것은 터치도 키스도 잠시 보류, 그야말로 옛날식 사랑법이다.

복고풍 연애, 나쁘지 않다. 레트로 사랑, 색다른 맛과 멋이 있을 터. 스마트폰으로 영상대화에서 느끼는 감정의 선을 잘 더듬어 보라. 코로나 시대 아닌 '콜레라 시대의 사랑'을 한번 돌아보면 어떨까?

마르케스의 이 소설은 무려 51년 9개월 4일의 세월을 건너 이뤄지는 사랑, 그 암울한 열정이 매력적인 작품이다. 영화 '세렌디피티'에서 남녀 주인공의 아픈 사랑 매개하는 책으로 등장해 눈길을 끌었다.

MZ세대의 사랑을 되새긴다. 그들에게 왜 사랑은 더딜까? 콜레라와 코로나 시대처럼 두려운 사랑이라서? 아니다. 사랑하고 결혼해 아이를 낳고 싶어도 자식마저 루저로 키우고 싶지 않은 좌절감에 멀찌감치 밀어놓고 있는 거다. 멀쩡한 시대의 슬로러브, 왜 가슴이 먹먹해지지?

공짜는 싫다, 오직 공정하게

공짜의 유혹은 무섭다.

청년들은 그것을 거부한다. 대신 기회는 절대 공정해야 한다. 공짜는 멀쩡한 사람을 한순간 지저분하게 함은 물론 심지어 파멸을 부르기도 함을 여러 사례로 학습했다. 공짜 출장, 공짜 접대비, 공짜 업무추진비, 공짜 특수활동비, 공짜 관사 이어 공짜 공관 파문까지.

또 무슨 공짜 파문이 터져 나오겠지. 명칭조차 그리 곱지 않다. 주인 없는 돈, 눈먼 돈, 먼저 본 놈이 임자인 돈 등. 거기 줄서는 것은 빈자 부자를 떠나 인간의 본성이다. 새치기 반칙이 난무하는 것은 당연지사. 조직 사회 국가의 성숙도는 공짜를 최소화하거나 아예 없애는 것과 궤를 같이 한다.

선진국엔 값싼 생필품이 많지만 후진국일수록 값비싼 제품과 공짜 끼워팔기 물건이 뒤섞여 혼란스럽다. 진짜 공짜, 큰 공짜는 바닥사람이 아니라 고위층만 누린다. 그러다 한순간 명예를 잃고 무너진다. 공짜 점심은 없다는 말이 그냥 나왔겠나?

그런 학습과는 무관하게 MZ세대는 태생적으로 공짜를 싫어한다. 뭔가 의외의 수혜를 받으면 아이스커피 몇 잔이라도 들고 가서 감사를 표시한다. 금수저 은수저 흙수저로 나뉘어 기울어진 운동장 끄트머리에 겨우 삶을 지탱하면서도 부모와 세상을 원망하지 않는다. 좌절 금지다.

공정하지 못한 것에는 즉각 이의를 제기하고 고쳐지지 않으면 분노한다. '아빠 찬스'를 사용하는 현실을 지켜보면서, 예컨대 그것이 공정경쟁을 해친 것으로 알려지면 끝내 바로잡자 나서는 것이다. 그들이 미래 희망이다.

늦기 전에

1970년대 가수 김추자의 1969년 데뷔곡 타이틀.

늦기 전에. 연도를 다 지우고 들으면 2000년대 발표곡이라고 해도 괜찮을 정도. 그걸 들추자는 게 아니다. 근대적 모던과 포스트모던을 넘어 미래의 상상력으로 나를 새롭게 일으켜 세워야 한다.

내가 나를 어찌 깨부술 수 있을까? 비록 남루하고 불편할지언정 옛집을 어찌 헐 수 있을까? 삶의 흔적이 담긴 자신의 과거와 삶의 터전을 무너뜨리는 건 쉽지 않다. 심지어는 상흔까지도.

하지만 망설일 여유가 없고 주저하면 끝이다. 아직 길이 선명하지 않다. 앞서 간 사람의 흔적은 여전히 흐릿하다. 문제는 갈 길은 먼 데 금방 날이 저물 수 있다는 점. 가뜩이나 손전등 배터리도 바닥 아닌가? 예서 걸음을 멈추기엔 아쉽고 안타깝다.

너무나 힘들고 아팠던 지난날을 돌아보라. 다들 눈시울 뜨거워지지 않나? 좀 늦었다. 더 늦기 전에 나를 리모델링하자. 그러면 나라도 달라진다.

9장
포스트 코로나 거쉬업 챙기기

거리 두기 낯설게 하기
-코로나가 남긴 선물 잊지 않으리

성곽시대

The Castle Age.

2023년 고인이 된 국제외교의 구루 헨리 키신저 전 미국 국무 장관이 코로나 시대의 후유증을 이렇게 정의했다. 그의 발언을 조금만 옮겨보자.

"글로벌 무역과 자유로운 이동을 기반으로 번영하는 시대에서, 시대착오적인 '성곽시대' 사고가 되살아날 수 있다. 민주 세계는 계몽주의 가치들을 유지하고 수호해야 한다."

성곽시대는 르네상스 이전 중세의 상징이다. 중세를 넘어 최고 가치의 르네상스 휴머니즘을 일으켰던 인류가 다시 성곽의 중세로 간다는 건 생각만 해도 끔찍한 일이다. 그럴 개연성은 상당하다. 도시봉쇄와 자가격리 등이 모두 성곽시대의 모습 아니었던가?

우린 살기 위해 칩거했다. 누구는 그게 국가의 계산된 폭력, 심지어 대통령제 국가의 선거용 위협이라고 했지만 반대 목소리를 높일 수는 없었다. 성곽시대 의미 그대로 세상은 닫혔고 그 지점에서 키신저는 계몽주의와 자유주의 사수를 들고 나왔던 것.

포스트 코로나의 성곽시대, 너무 걱정하지 마시라. 중세와는 다른 온라인 인터넷과 모바일 시스템이 바이러스에 다운되지 않도록 하면 된다. 비록 몸은 성곽에 갇혔지만 우리는 더 넓은 세상과 리얼타임으로 만날 수 있기에. 그게 오늘의 진면모 아니던가?

이미 디지털 코쿤(Digital Cocoon)을 말했다. 몸은 비록 누에고치처럼 웅크렸어도 연결은 전방위로 온전하게 이어진다. 움츠러들 일이 아니다. 닫힘이 열림이고 열림이 다시 닫혔다 더 크게 열리는 시대에 우린 살고 있다. 성곽에 갇혀도 나는 어딘가로 열린다.

거리두기

거리두기, Distancing.

낯설게하기 Defamiliarization과 함께 내 삶의 오랜 기제였다. 그렇게 문학을 하며, 기자생활을 영위하며 살았는데 성공요인과 실패요인으로 동시 작동했단 생각이다. 전자는 미약하게나마 내 신념을 지켰다는 것이고 후자로 인해서는 한국적 특수 생태계에서 생기는 숱한 부작용과 불이익을 감수하며 근근이 버텨야 했다.

코로나 시대 느닷없이 닥친 거리두기는 '사회적'이란 수식어를 붙여 대유행어가 됐다. 모르는 사람이 없을 거다. 이런 멋진 단어가 바이러스가 아닌 문화적 흐름에 나붙었으면 얼마나 좋았을까 하는 아쉬움과 함께 내가 애착을 갖던 생각이나 물건 하나를 잃어 버린 것 같은 상실감도 없지 않았다.

아무려면 어떤가? 미학적 아우라를 만드는 일에 작은 일조라도 하겠지. 이 단어를 처음 쓴 베르톨트 브레히트식 논법으로는 '거리두기'를 통해 현실에 매몰되지 않으면서 늘 각성하고 변혁할 힘을 얻는 거다.

내가 세상에 종속되지 않는 한, 거리두기 아니라도 변혁을 추구할 방편은 또 있다. 낯설게하기다. 일상으로 친숙하던 사물이나 관념을 문득 낯설다고 해보라. 그렇게 새로운 느낌이 들도록 하면 삶을 바라보는 시선과 생각이 달라진다.

거리두기 아니면 낯설게하기다.

낯설게하기

포스트 코로나의 낯설게하기는 거리두기와 한몸이다.

모두가 마스크를 두른 세상 얼마나 어색했던가? 첨단 IT기술과 함께 찾아온 비대면 시스템의 놀라움은 또 어땠고? 전면 재택근무로 이행할 수 있으며 심지어 그게 더 효율적이라는 체험까지. 모두 예기치 못한 소득이었다.

이 용어를 처음 사용한 러시아 문예학자 빅토르 쉬클로프스키가 "낯설게하기는 문학을 문학답게 하는 미학적 기제"라고 한 것처럼 코로나의 생경한 세상은 어쩌면 더 세상답게 달라져 갈 표지

석일지도 몰랐다. 브레히트의 설명도 다르지 않았다. 인지적 유연성과 문제해결 능력을 향상시키면서 상상력과 창의력을 자극하는 낯선 새 세상.

도시봉쇄 이후 찾아온 낯선 성곽시대에 청년들은 금방 익숙해져 갔다. 포스트 코로나 출근 재개 요청에 상당수 직원들은 회사에 협상카드를 던졌다. 먼저 재택근무를 요청하면서 일주일에 이틀 사흘만 출근하는 근무행태를 허락해달라고 했던 것. 코로나 비대면 면접으로 입사해 줄곧 재택으로만 근무했던 청년 중 일부는 사표를 내고 떠났다.

그들 청년들은 지금 어느 코쿤에 갇혀 상상의 나래를 펼까? 아니면 어느 도시의 으슥한 곳을 맴돌며 고뇌하거나 창의적 생각에 빠져들고 있을까? 잠시 낯설던 세상, 그대로가 더 좋은 청년들이 다른 일상에서 기회를 노린다.

탈세계화 고립주의 바람

조금 더 논의를 보태자.

거리두기는 미학에서 출발한 용어지만 예술뿐 아니라 이미 심리학 건축학 등에 널리 사용됐다. 그러다 코로나 시대 '사회적'이라는 수식어를 달고 새 의미로 자리를 잡았다. 사실 포스트 코로나의 핵심도 바로 거리두기다.

뉴노멀 네오노멀 운운하며 현란한 변화를 말하는 것에 정신을 팔 필요는 없다. 프레 코로나 시대를 풍미했던 모든 핵심 가치관에 거리를 두면 모두가 새롭다. 사회학적으로는 세상의 디테일을 머리에 다 담는 대신 간혹 뛰어넘으면서 관조하는 삶을 영위하는 것이 핵심이다.

포스트 코로나 시대엔 세계화의 가치가 달라짐을 주목할 필요가 있다. 글로벌 공급망(Supply Chain)과 가치 사슬(Value Chain)은 위험한 고리였다. 한 나라에 집중된 일부 부품공장의 셧다운이 전 세계 공장을 마비시킬 정도로 상황은 심각했다.

그래서 탈세계화다. 개별국가는 국가주의와 새로운 지역주의 가치 사슬을 구축하고 최악의 경우 각 나라의 주요도시는 성곽도시로 돌아서야 할 판임을 예고했다. 고립주의로 돌아갈 수는 없다고? 물론이다. 하지만 다시 엄습할지 모를 코로나의 명령은 더 가혹할 거라 각오해야 한다.

임상심리전문가 김선희는『가까운 사람들과 편하게 지내는 법』이란 책에 이렇게 썼다. "상황을 관조하고, 감정에 초연하고, 반응을 유보하고, 자아를 초월하는 성숙한 의지가 거리두기"라고. 또 거리두기라는 성숙한 기제를 활용하면 "삶의 수많은 긴장과 갈등이 사라져 삶의 다채로운 아름다움을 새로이 발견하게 될 것"이라고. 그래서 거리두기는 '진정한 삶의 내공'이라고. 모든 가치관에 거리를 두면 그게 포스트 코로나 뉴노멀이다. 아니 네오노멀이다.

인터레그넘, 궐위의 시간

궐위의 시간.

재미 저널리스트 겸 문명연구가 안희경의 이 표현을 가져온다. 안희경은 2020년 언젠가의 사회학자 지그문트 바우만 말을 땄다. 바우만은 2014년 인터뷰에서 철학자 안토니오 그람시의 "왕은 죽었고, 새 왕은 오지 않았다"는 글귀를 인용하며 불안에 휩싸인 오늘을 평가했다. 바로 '인터레그넘(Interregnum), 궐위의 시간'이다.

안희경의 발상은 유발 하라리의 웜홀(Wormhole)에서 시작한다. 웜홀은 우주 공간에서 블랙홀(Black Hole)과 화이트홀(White Hole)을 연결하는 통로를 의미하는 가상의, 고차원 구멍을 뜻한다. 모든 것을 빨아들이는 천체가 블랙홀, 모든 것을 내놓기만 하는 화이트홀인데 이론적으로만 존재할 뿐, 증명되지는 않았다.

하지만 블랙/화이트 개념만으로도 대전환에 던지는 의미는 선명하다. 블랙홀은 트리클 다운된 모든 성과를 빨아들이는 입구이고 화이트홀은 웜홀에서 만들어진 에너지를 분출하는 출구다.

트리클다운과 거쉬업, 급진적인 메이저 컨버전(대전환)에 잠시 호흡을 가다듬자. 길어지면 원위치할 우려가 다분, 짧게 숨고르기를 한 다음 반대편으로 넘어가는 게 맞지 싶다. 안희경이 들고 나온 '궐위의 시간'을 이런 의미로 읽는다.

핵심 변수는 웜홀 만들기다. 웜홀 형성 혹은 구축이라고 해도 좋고 뚫기라고 해도 무방하다. 수단과 기제는 거쉬업이다. 궐위는 일시 공백이나 멈춤을 수반하게 마련인데 그걸 두려워하면 다음 단계로 나아가지 못한다. 거쉬업 빅픽처는 설렘과 동의어다.

웜홀 제너레이션

1920~30년대 로스트와 1945년 이후 비트 세대.

잃어버린 세대 이후 딱 100년 만에 찾아온 코로나 상실의 청년을 유발 하라리는 웜홀 제너레이션이라 불렀다. 웜홀, 직역하면 벌레구멍이다. 그냥 구멍이 아니라 입구는 블랙홀, 출구는 화이트홀인 연결통로다.

코로나 블랙홀은 구체제를 다 빨아들였다. 인류는 인문학적 상상력은 물론 의학적 재능과 기술을 다 짜내서 위기의 터널을 꿈틀거리며 기고 또 기었다. 저기 멀리 화이트홀을 향해, 안간힘을 다하면서. 빛이 보이는 출구 쪽으로 벌레는 삐죽 고개를 내밀며 살아있음을 알렸다.

웜홀, 고차원 우주원리를 떠나 그것은 혁신과 변혁의 길이다. 세 세상으로 가는 몸부림이라고 해도 좋다. 꿈틀꿈틀 벌레 같이 살아 벌레의 시선(Warm's-Eye View)으로 바라보는 세대다. 저기 밝게 빛이 드는 세상으로 발버둥치며 가자. 당신들 청년, 웜홀 제너레이션이란 희망의 딱지를 달아 주련다.

외지인, 외국인

어, 저 사람 누구지?

여긴 왜 왔어? 경계하는 표정이 역력하다. 다소 한적한 마을을 찾아가노라면 이상하게도 눈치가 보인다. 코로나 시대의 유산이라 기분이 언짢아도 하는 수 없다.

바이러스는 외지인이 몰고 온다. 아니면 외지에 갔던 같은 마을 사람이 균을 달고 돌아오거나. 나라로 치면 외국인이 문제다. 내 집단 선호체제는 그렇게 자리를 굳힌다. 오직 지역주의 국수주의 만 용인될 뿐이다.

역사적으로 전염병은 그랬다. 제각각의 민족은 바이러스를 이 민족이 갖고 들어와 에피데믹(Epidemic 지역대유행)이 되고 이게 결 국 팬데믹(Pandemic 세계대유행)으로 치닫는다고 믿는 탓이다. 타 민족 혐오의 시작점이다. 혐오 발언과 폭력이 일기도 한다. 거기 무슨 세계화 가치가 비집고 들겠나?

강력했던 세계화가 저물 리는 만무하다. 이제 어디로 방향을 트 는 것일까?

멘털데믹

마음이 무너지는 병, 우울증이다.

코로나 블루(Corona Blue)였다. 엔데믹(Endemic 주기적 감염병) 및 팬데믹 공포와 스트레스 탓인 건 말할 나위도 없다. 제각각 회복 탄력성을 찾아 나서는 수뿐. 일부는 몸보다 먼저 마음이 무너질 판이었노라 실토했다.

멘털과 팬데믹을 합한 신조어 멘털데믹(Mental-demic)이다. 코로 나 위험으로부터 자유로운 치유의 공간이 필요했다. 마음의 근육 키우기. 국내외 여행길 대부분이 막혔으니 집 근처 작은 산책로나 인근 산행길을 찾는 게 최상의 선택이었다.

그간 쌓아왔던 자가치유 노하우를 다 동원해야 할 판. 제각각
의 취향에 맞춰 집을 리모델링해 워라벨(Work Life Balance) 베이스
캠프로 삼아야 하는 일이 벌어졌다. 코로나 감염으로 많은 것들이
쓰러지고 다른 많은 것들이 새로 일어섰다. 거대시설이 전자고 집
은 후자.

마음은 무너지느냐 버티느냐의 갈림길에 섰다. 네거티브섬을
포지티브섬으로 돌려세울 수밖에 없다. 섬세한 보살핌이 필요한
이유다.

회복 탄력성

곧 돌아갈 거야.

코로나 이전 상태로 돌아갈 거라는 바람이자 주문이다. 많은 사
람들이 자기격리를 수용하다 연장 또 연장, 자꾸 길어지는 것에
몸서리를 쳤다. 먹고 살아야 한다는 명분을 앞세워 그들은 스멀스
멀 일상으로 돌아왔다.

돌아가려는 본능, 회복 탄력성(Resilience). 이전 세상이 매력적이
었다고 여기는 기억의 산물이다. 마치 영화 '터미네이터'의 아널
드 슈워제네거 명대사 'IBB(I'll be Back)'를 주문으로 외고 있었던
것처럼.

인간의 속성은 그걸 거부하게 마련이다. 불쑥 자유로운 도시의
공기를 마시러 길을 나섰다. 위험천만이었지만 차츰 그게 일상이

됐다. 그래 좋다. 막연한 주장일지라도 딱 절반만 돌아가자. 아니 30%, 그것도 과하면 10%만이라도 여백을 남기면 어때? 코로나 거리두기 시절, 깊은 코로나 블루 고통 속에서 숙제와 해답을 동시에 목도하지 않았나?

거리두기는 오랜 인류의 숙원인 환경문제를 푸는 열쇠가 될 수 있음을 깨달았다. 기후변화를 초래하는 바쁜 짓일랑 탓하지 말고 빈 공간을 남기자. 그러면 절반은 성공이다. 절박했던 기억의 절반만 지우면 좋겠다.

위험사회

언제 또 우리는 바이러스 공격에 쓰러질지 모른다.

그간 우린 오래 기후변화를 부르는 환경에만 올인했다. 지구와 인류의 지속 가능성을 논하면서 항상 온난화를 내세웠다. 물론 다급한 의제로 그간 성과도 상당했고 수많은 시민운동가가 생겨나 스타도 배출했다.

전염병이 몰래 우릴 위협하고 있는 줄 몰랐다. 현대 의학과 방역의 힘을 믿은 탓이다. 바이러스는 온난화 등 기후변화와 마찬가지로 무작위 무차별적으로 습격한다. 도시봉쇄 셧다운 록다운 자가격리의 참담함, 잊지 않았을 거다.

전선이 따로 없었다. 전 지역이 게릴라전으로 피폐화해 갔다. 환경 요소가 긴 시간에 걸쳐 우리 삶을 위협하는 것과는 차원이 달랐다. 정치 경제의 격변은 추락 아니라 몰락을 의미할 정도로 심각했고 자유세계의 질서 붕괴는 패닉과 아노미가 될 뿐임을 빠짐없이 지켜봤다.

사람들은 주저 없이 그것을 지옥이라고 불렀다. 극단적 위험사회의 도래다. 이제 근대화와 현대성이 가져다준 풍요와 번영을 바이러스에 다 반납해야 할지 모를 일. 최악의 경우 인류는 생존의 벼랑 끝에 서야 할 우려마저 씻지 못할 정도다. 무얼 망설이겠는가?

생태계를 구하다

맑아진 물과 하늘, 돌아온 고기와 동물들.

코로나 시대 가장 많이 들었던 행복한 말, 한 줄 더 보태자. 더 길어지면 청명한 하늘 아래 들판과 거리는 야생동물로 채워지겠다. 의외의 수확이다. 거리를 두면 코로나가 잡히고 생태계까지 복원할 수 있다는 믿음이 가시화한 결과다.

그간 얼마나 많은 열정과 재원을 환경에 쏟아 부었나? 수많은 환경단체가 나와서 캠페인을 벌이며 경종을 울렸지만 대개는 허사. 매일 저녁 뉴스에서 온난화 기후변화 운운하는 말로 시작하는 생태계 파괴와 멸종 위기 등 우려의 말을 들어야 했다.

대안이 나왔다. 코로나 사태의 해법 거리두기는 우선 생태계 복원에 결정적인 역할을 하게 됨을 눈과 몸으로 확인했다. 이런 반사이익은 아주 드문 경우다. 환경운동의 역량을 전염병 위기 조장과 방지 훈련으로 돌리는 것도 효율적 대안일 듯하다. 일석이조의 전범을 만들어갈 수도 있을 거다.

예컨대 생태학교 환경교실 같은 운동조직을 바이러스학교로 바꾸어 거리두기를 실천하면 생태는 절로 살아 돌아올 것 같은 예감이다. 바이러스 관련 지식을 지속해서 쌓아 다음 팬데믹을 대비하는 건 덤이다. 거리두기를 생활방역의 하나로 자리를 잡게 하면서 방역과 전염병 바이러스 백신과 치료약 개발에 온 힘을 다하는 것은 필수다.

세상은 치명적 오염물질로 가득하다고 아무리 외쳐도 사람들은 무감하다. 치명적이라는 표현은 뻥이라고 여긴다. 하지만 세상이 치명적 바이러스의 공격을 받고 있다고 해보라. 치명성은 바로 공포가 된다. 어느 누가 이를 거부하며 맞서랴. 이젠 오직 전염병과의 싸움 하나뿐이다.

시설의 몰락

코로나 죽음의 그림자는 시설의 문에 어른거렸다.

감염병 생태가 그러하다. 종교시설 병원병동 학원까지 예외는 아니었다. 학교와 영화관은 지레 겁을 먹고 올스톱. 목숨이 오락가락 하는데 수업 영화 스포츠가 웬말이냐? 이런 식이었다.

학업성과는 물론 지식력의 무한 확장의 시대는 이렇게 끝나나 싶었다. 거대한 집단 스포츠 경기장과 오락과 엔터테인먼트를 위한 화려한 공연장, 그리고 백화점과 다운타운의 거대 매장도 더는 지탱할 수 없을 것 같았다. 고령자를 위한 복지시설이나 지역민을 위한 도서관 혹은 문화교실 역시 문을 열 엄두를 못 내긴 마찬가지. 대기업 거대 본사 역시 위기에 처했다.

모든 거대 시설은 몰락의 길 초입으로 들어섰다. 대신 야외공간과 맞닥트린 작은 시설이 각광을 받았다. 소도시의 작은 축구 야구 경기장, 혹은 시골마을의 야외 공연장 등. 대기업들은 기존의 영업 전략을 수정, 오프라인 매장을 폐쇄하면서 전 제품을 온라인으로만 팔 것을 궁리했다. 사람이 붐비는 곳에 전시장을 겸한 상품 안내소 몇 개만 유지하면 된다는 판단에서였다.

사무공간도 확 달라질 조짐. 전면적 비대면 근무체제는 사무실 무용론으로 이어졌다. 주요 포스트에 듬성듬성 소규모 스마트 워크플레이스를 두고 재택과 출근의 중간지대의 근무공간으로 변해갔다.

2024년 1월 미국 무디스애널리틱스가 발표한 부동산 시장보고서에 실상이 잘 반영됐다. 2023년 4분기 미국의 오피스 공실률은 19.6%. 2023년 4분기 18.8%보다 높았을 뿐만 아니라 종전 최고치(1986년과 1991년)였던 19.3%를 넘어섰다. 집계를 시작한 1979년 이후 44년 만에 가장 높은 수치였다.

근무형태의 변화 때문이다. 팬데믹 이후에도 재택근무를 원하는 목소리는 높다. 회사는 책상공유제 등을 일상화해 사무공간을 줄일 수밖에 없는 처지다. 그래서 큰 사무실보다는 작은 게 잘 나간다. 도심의 낡은 빌딩은 텅 빌 조짐이고 출퇴근에 유리한 교외 새 건물이 오히려 인기를 끌고 있다.

시설의 미래는 불투명하다. 세계 주요 도시의 빌딩은 자꾸 빈다. 낡은 시설은 해체의 길을 가겠지. 강한 회복력으로 원점 회귀할 일은 없을 듯하다. AI와 연동된 초지능형 사무실 빌딩이 등장할지 모른다. 변화는 지금 진행형이다.

집의 부활

집콕.

집에 콕 박히다. 해외여행을 못 가고 방에 머물며 시간을 보낸다는 '방콕'을 패러디한 단어다. 코로나 시대 우리 모두는 느닷없이 '집콕' 모드로 들어섰다.

종래 우리네 집은 가족이 저녁이나 밤에 잠자러 모여 들었다 아침이면 어디론가 뿔뿔이 흩어지는 기착지 같은 곳. 간혹 식탁에 같이 둘러앉아도 대화보다는 스마트폰에 몰입하기 다반사였다. 잠시 머물면서 잠을 자는 공간 정도로 치부됐던 집이 이제 온 가족의 공동공간으로 새롭게 자리매김했다.

갑작스레 닥친 위험과 고통의 시간, 그나마 믿을 곳은 집뿐이란 인식이 확산일로를 치달았다. 집의 부활이었다. 어른들에겐 돌아가면서 재택근무를 하는 업무공간이고 아이들에겐 온라인 강의와 수업을 듣는 교실, 미취학 어린이들에겐 놀이터 구실까지 해야 했다. 어디 그뿐인가? 어른들의 가벼운 피트니스와 넷플릭스 등을 통한 영화감상의 공간으로도 집은 유효했다.

포스트 코로나는 다시 많은 것을 되돌려 세웠다. 100% 돌아가는 일은 없어야 한다는 바람이 불었다. 70~80% 지점에 멈추거나 단 10%라도 남겨 집의 부활 의미를 더하자는 거다. 작은 공간에서 종래 없던 마찰과 다툼이 일어난다 해도 그건 잠시. 바깥에서 떠돌던 가족들이 집으로 모여드는 건 당연한 모습이다.

온택트

언택트(Untact), 비대면.

예전 같으면 콘택트(Contact)가 꼭 필요한 마케팅은 올스톱이지만 지금은 온라인으로 돌리면 된다. 온택트(Ontact), 온라인 콘택트다. 물론 전면적 대체는 불가능할지라도 마비를 면할 수 있어 다행이다.

영화 관람은 OTT(온라인 스트리밍 동영상)가 대체 수단이다. 학생들의 수업과 강의도 비슷한 유형으로 스위치될 여지가 많고 직장생활에서 재택근무의 빈도와 시간이 크게 늘 전망이다. 컨택트 행위가 온라인 플랫폼에 들어와 언택트로 바뀌는 것이다. 그것은 홈라이프, 즉 '집콕' 확산으로 이어진다.

단순히 집에 머물며 건강위생 잘 챙긴다고 될 일이 아니다. 집이 직장이고 학교고 영화관과 음악실이고 피트니스센터고 고단한 몸을 뉘는 곳이다. 단순히 PC나 노트북으로 검색하면서 이메일 정도 체크하고 답장하는 수준으로는 모자란다.

온라인 언택트 온택트 경험만으로는 감당 불능. 디지털과 모바일 경험 다양화와 강화학습이 필요해질 거다. 삶의 패턴을 전반적으로 리모델링해야 한다는 의미다. 차원이 다른 디지털 리터러시 시대다.

아웃라이어 스웨덴 집단면역

다른 방역모델이 하나는 있어야 한다고 생각했다.

도시와 직장 봉쇄, 그리고 자가격리 같은 정형화한 전염병 대책 말고 일상 속에서 전염병을 퇴치하는 결과가 늘 궁금했기에.

구제역 돼지콜레라 조류독감 등 가축 감염병도 다르지 않다. 발병 의심신고 후 양성 확진판정이 떨어지면 곧바로 방역조치를 하는데 무차별 집단 살처분을 기본으로 삼고 말았다. 여러 면에서 불가피한 대응이겠지만 나는 신중론자거나 반대론자다. 소 돼지 닭의 생존권이나 행복권도 그렇거니와 살처분 최일선에 나선 공무원과 인부들의 깊은 상처까지 얼마나 가슴 아팠던가?

현대의학 이전 시대 전염병 방역 행태도 별반 다르지 않았다. 집단 감염지역을 제대로 손쓰지 못한 채로 방치, 감염자들은 사실상의 집단 살처분이나 다름없이 죽어갔다. 인권 차원에서 보도가 안 됐지만 지난 코로나 사태 때도 외신에선 슬쩍슬쩍 그런 흔적을 드러냈다.

코로나 바이러스 초기 대응법은 나라마다 달랐다. 우선은 국왕이 있는 내각제 국가가 좀 느슨하게, 국민투표로 수반을 선출하는 대통령제 국가들이 처음부터 타이트하게 달라붙었다.

그러다 영국 일본 등 내각제 국가들이 하나 둘 손을 들었고 마지막까지 버티던 스웨덴도 치명상을 우려하며 물러섰다. '아웃라이어(Outlier)' 집단면역(Herd Immunity). 아웃라이어는 '평균을 크게 벗어나 확연히 구분되는 표본'이라는 의미다.

스웨덴은 학교와 직장은 정상 가동했을 뿐 아니라 저녁이면 음식점 카페 술집에서 자유롭게 일상의 즐거움을 나눴다. 일부 학교가 강의실에서 사회적 거리두기를 도입하면서 소극적 재택근무 정도면 충분하다 여겼던 것. 다른 유럽 국가들이 강력한 봉쇄정책을 쏜 것과는 달리 느슨한 방역정책을 고수했다. 대신 사람들 스스로 책임감 있게 행동하도록 유도해 갔다.

그러다 스웨덴의 상황이 악화하면서, 예컨대 2020년 5월7일 당시 코로나19 총 확진자 2만4623명, 누적 사망자가 3040명으로 집계돼 긴장감의 수위가 좀 달라졌다(참고로 인근국가 누적 사망자는 노르웨이 216명, 핀란드 255명, 덴마크 506명). 우리는 그것을 집단면역의 실패, 정책의 큰 줄기 수정 등으로 보도했지만 정작 스웨덴은 자율을 조금 제한하는 수준에서 기존 정책을 고수하는 것이라고 했다.

대다수 과학자들은 물론 집단면역의 효과를 신뢰했던 의료계 인사들도 약간 고개를 갸우뚱! 실제 스웨덴의 코로나 바이러스 항체 보유자는 25% 수준에 그쳤다. 다른 유럽국의 5% 수준보다는 높았지만 집단면역이 효과를 발휘할 50~70%에는 훨씬 못 미쳤다.

스웨덴 의료 당국은 자국 의료시스템이 관리할 수 있는 한도 내에 두는 데 성공적이었다고 평가했다. 집단면역은 비과학적이고 아웃라이어는 왕따? 스웨덴의 정밀 조사분석과 결과 공유가 긴요하다.

지옥과 천국

다들 지옥을 말했다.

'The Road to Hell'을 찾아들었다. 아일랜드 출신 크리스 리의 낮게 읊조리는 허스키 목소리가 편안하다. 거친 블루스의 기타 솔로와 우수에 젖은 듯한 보컬. 지옥으로 가는 분위기와는 사뭇 다르다.

"고속도로에서 한 여인이 다가선다. 나에게 묻는다. 아들아 너는 지금 어디로 가는 거니? 엄마다. 돈 벌러 부자들이 사는 도시로 가요. 거긴 안돼. 지옥으로 가는 길이란다. 나는 네가 걱정이 돼 무덤에서 뛰쳐나왔어. 과거는 늘 그런 교훈을 주고 있지." 대략 그런 가사다.

우리들 젊은이들 참 대단했다. 벌써 오래 전 '헬조선'을 말했으니까. 나쁜 단어를 사용하지 말자 했지만 사실 그건 천국을 향한 염원이다. 헬조선이라는 용어에 이어 '헬조선 베이비'까지 들고 나왔다.

영국 출신 전설의 4인조 하드록 그룹 레드 제플린의 'Stairway to Heaven'을 이어 듣는다. 레드 제플린, 제1차 세계대전 때 사용된 독일 전투기 이름이다. 헤비메탈 사운드가 어쿠스틱 기타 멜로디와 절묘하게 어우러지는 명곡으로 통한다. 돈으로 천국으로 가는 계단을 사려는 소녀를 음악적 테크닉과 이미지 양면에서 심오하게 묘사했다는 평이다.

"당신이 가는 길은 두 갈래 길입니다. 신비로운 세상. 당신은 바람 소리를 들을 수 있나요. 속삭이는 바람 속에 또 다른 계단이 있는 걸 모르시나요." 가사에 이런 내용을 담았다. 코로나 시대를 생각한다. 천국이면서 지옥, 지옥이면서 천국인 세상. 둘은 하나, 동전의 앞뒤 면으로 자리를 틀었다.

어디선가 지옥과 천국의 공간감을 아우르는 앰비언트(Ambient) 뮤직도 흐른다. 정교한 멜로디보다는 빗방울 떨어지는 소리, 기차 지나가는 소리, 풀숲을 스치는 바람 소리, 장작 타는 소리, 파도 소리, 피아노 연주 등을 단순 반복해 분위기를 잡는 음악 장르다. 사회적 절망을 달래는 명상 요가 유행과 연관이 있어 보인다. 자연과 악기 소리의 질감을 깊이 새길 수 있을 듯하다.

코로나 패닉

코로나 바이러스 팬데믹은 패닉(Panic)이다.

살아있는 사람들로선 경험자가 없으니 코로나의 시작은 당연히 그럴 수밖에. 난장판 아나키(Anarchy)라고 해도 좋다. 방역과 치료의 현장에 투입된 의사와 간호사는 2주간 자가격리 명령을 따라 분리 조치됐지만 별도 격리공간을 못 찾은 의심환자들은 스스로 길을 찾아갔다.

한 시간도 대면수업을 못하고 엉성한 영상으로 강의를 받은 대학생들이 등록금을 돌려달라고 항의했다. 대학은 받아들일 방도가 없어 쩔쩔맸다. 사회적 거리두기, 생활 거리두기 수칙을 지키면서 영업장 문을 열고 모임과 집회를 하려 해도 무슨 지침을 따라야 할지?

혼돈의 사연을 다 적는다는 건 불가능하다. 다 차지하고 창의력이 필요한 시간이다. 그게 달리면 우리의 주특기, 신속 추격력도 먹힐 것 같다. 대한민국이 방역에는 발군이었지만 백신과 치료액 개발을 주도할 것이라는 기대는 애초 없었다. 바이오 관련 원천기술이 달리니 어쩌지 못하는 거다.

다른 분야에서도 상황은 엇비슷하다. 하지만 세계적 신기술 기류와 도전을 잘 스크린하면 신속 추격할 게 많이 포착될 것. 삼성전자가 2007년 애플 스마트폰을 포착하자마자 재빨리 따라가 글로벌 시장지배자로 우뚝 섰던 게 대표적인 사례다. 2024년 벽두 애플과 화웨이 샤오미 등 경쟁사를 따돌린 13개어 통번역폰 갤럭시S24 발표는 기념비적 성과였다.

패스트 팔로잉 역량을 다하다 보면 퍼스트 무빙 기회도 터진다. 패닉과 아나키는 언제라도 반복되는 법. 거쉬업 창발 기회는 난장판에서 잡힌다.

코로나 시대 유발 하라리(1)

예루살렘 히브리대 역사학 교수 유발 하라리.

『호모 사피엔스』의 저자로 유명세가 대단하다. 2020년 3월 파이낸셜 타임스에 '코로나바이러스 이후의 세계'라는 글을 실었다. 코로나 바이러스는 이미 답이 정해진 두 가지 선택지를 던졌는데 하나는 시민권(Citizen Empowerment)의 강화, 다른 하나는 국제적 연대(Global Solidarity)의 강화라는 것. 틀린 말은 아니다.

시민권 강화와 국제적 연대는 포스트 코로나가 아니라 앞선 프레 코로나의 핵심 가치이기도 했다. 코로나와 포스트 코로나 시대에도 여전히 의미를 남길 테지만 특별한 인사이트가 있어 보이진 않는다.

시민권 강화는 차지하고라도 국제적 연대라니 수긍할 수 있는가? 글로벌리즘이라는 단어의 지난 시절 무게와 가치에 집착해 코로나 시대의 키워드로 반복했던 거란 생각을 지우기 어렵다.

생각해 보라. 코로나 바이러스의 발원지였던 중국은 국가권력으로 우한을 통째 막고 연이어 외국인 출입을 금지했다. 그리고 국가 권력은 전세계를 록다운 체제로 몰아 시민권을 통제했지만 저항은 실로 미약했다. 글로벌리즘이라는 국제연대는 경제에 얼마나 심각한 타격을 불렀나? 중국의 생필품과 주요 부품 공급 차단으로 마트는 텅 비고 자동차 전자 주요 공장은 멈춰 섰다.

방역의 국제공조와 국제연대는 다르다. 코로나 방역 선택지는 시민권의 제한과 느슨한 국제연대로의 전환이었다. 하라리는 전시대 핵심가치에 매달리다 코로나 팬데믹의 본질을 놓친 듯하다.

코로나 시대 유발 하라리(2)

조지 오웰의 '빅브라더' 등장 명분.

유발 하라리가 걱정하는 시민성과 국제연대의 핵심은 시민을 통제하는 빅브라더의 출현을 경계해야 한다는 거다. 절대 맞는 말이다. 하지만 빅브라더는 인간을 통제할 수 있을지언정 바이러스를 컨트롤하진 못한다.

국제연대를 파기하면서 국경을 닫고 정보를 폐쇄하는 일은 어리석은 짓이다. 하지만 어쩌지 못한다. 코로나 바이러스는 그 이전, 즉 프레 코로나의 스트롱 타이 연대를 깨트리면서 포스트 코로나 위크 타이 연대를 재촉하는 듯하다.

위크 타이는 인터넷과 모바일 SNS 시대 사회상을 설명하는 키워드로 2010년 전후 등장했다. 은둔형 외톨이와 디지털 코쿤 같은 세대를 설명하기 위한 디지털 사회학 용어로 사용됐던 것. 스트롱 타이는 즉각적으로 강한 효력을 내지만 때론 심각한 후유증을 유발한다. 코로나 바이러스 공격을 받으면서 실감한 그대로다.

코로나 바이러스는 시민성과 국제연대를 갈가리 찢어놓았다. 포스트 코로나, 너무 서둘지 마라. 재빨리 이전으로 돌아가는 게 무너진 시스템의 정상화나 복구가 아니다. 슬슬 재건의 걸음을 시작하면서 미래 다른 바이러스의 공격을 대비해야 한다. 국가주의와 위크 타이의 가치가 절실한 이유다.

포스트 코로나는 완전히 새로운 세상을 원한다. 생소한 신호음을 알리고 있을지 모른다. 거쉬업 펀더멘털도 거기서 찾아야 한다. 먼저 잡아내는 자가 승자다.

바이러스는 숙명이다

문명학자 재러드 다이아몬드.

그의 역작 『총균쇠』가 다시 바람이 됐다. '균'이라는 단어 때문이었다. 그는 바이러스가 집단을 이루며 사는 사회적 동물에 국한해서 발생하는 점을 주목, 인간이 소 돼지 닭을 가축화할 때 이미 그런 유행병 잠재인자를 갖고 있었을 거라 추론한다.

바이러스는 살아있는 동물과 때론 공생하고 때론 전쟁한다. 지금은 전쟁기다. 과거 격한 전쟁의 상대는 페스트와 콜레라였지만 이제는 코로나 계열의 바이러스가 세상을 휩쓸고 있다. 인간이 집단화하며 도시를 만들어 문명을 이룬 것을 감안하면 바이러스의 준동은 숙명에 가깝다.

보이지 않는 적과의 전쟁이라 전선은 모호하고 혼란도 극심하다. 하는 수 없이 거리두기 비대면을 기본 방역수단으로 삼았다. 줌 시스템이 가교역할을 다했다. 세상은 순식간에 대면성을 겸비한 비대면의 효율성에 빠져들었다. 대면 회의만을 인정했던 각종 규약에 '혹은 온라인 영상회의'라는 표현이 들어갔다.

재러드 다이아몬드는 변화를 별 대수롭지 않게 평했다. "인류문명의 발달은 비대면의 진전과 궤를 같이 한다"는 지적이 바로 그것. 전보 텔렉스 전화 라디오 텔레비전 이메일 영상통화 영상회의 등 소통기기는 만나야 가능했던 일을 비대면으로 의미를 이어가는 수단이었다는 것

코로나의 습격, 너무 아팠지만 소통의 중심에 섰던 줌을 떠올려보라. 어느 누가 줌이 인간의 대면을 전면 대체할 기제라 상상이라도 했겠나? 감염병, 극도로 경계하되 공포에 휩싸일 필요는 없다.

미래의 가면무도회

죽음을 일상으로 떠올리며 살았다.

코로나 시대 다들 그랬다. 세계적인 확진자와 사망자 수치를 보면 당연히 그럴 수밖에. 아무리 사랑하는 가족이라도 일단 감염되면 투병문안은 물론 사망 후 장례식에도 못 갔다. 멀리서 병자를 바라보고 죽은 자를 떠나보냈다.

2020년 8월 코로나 시대의 문화를 전망하는 '2020 문화소통포럼'에서 프랑스의 미래학자 자크 아탈리는 이렇게 말했다. "대유행병은 인간은 유한하며 죽는다는 새삼스러운 사실을 분명히 기억하게 했다. 죽음을 뒤로 숨기는 사회, 이때 예술의 역할이 중요해진다. 예술은 언제나 불멸을 지향하는 간절한 몸짓이었고, 삶의 충만을 가능케 하기 때문이다. 시간 죽음 슬픔 장례식이 포스트 코로나 시대 새로운 문화 콘텐츠 주제가 될 것이다."

포스트 코로나 시대를 찾아올 새로운 예술을 그는 '미래의 가면무도회'라고 표현했다. 마스크를 쓴 모습의 무도회를 떠올리면 금방 이해가 될 듯하다. 마스크 뒤에 숨은 것은 스스로에게 몰두하는 '자기애(自己愛)'. 그러면서 아탈리는 "가상이 빈번해지면서 '무엇이 진짜인가'에 대한 질문이 일 것"이라고 했다.

그가 예견하는 미래. "가상의 세계에서 진실은 사라지기 쉽다. 사람들은 건조한 진실보다 더 스펙터클한 것, 선동적인 것을 보여주려 할 테니까. 하지만 다음 시대에도 '포스트 트루스(Post Truth, 탈진실: 사실로서 진실은 사라지고 감정과 구호로만 남은 현상)'는 존재할 수 없다. 거짓 아니면 진실일 따름이다."

문학의 면역효과도 같은 맥락이다. 미국의 소설가이자 평론가 라이오넬 트릴링은 문학의 효용성 중 하나를 미트리다테스적 면역기능이라고 했다. 미트리다테스 6세. 아나톨리아 북부 폰토스 왕으로 로마공화정 말기 폼페이우스 등 로마 장군과 대적한 것으로 유명하다.

흥미로운 것은 그의 관심사가 독초 독버섯 전갈 등의 독극물이었다는 사실이다. 처음 노예에, 나중에는 자신을 독물질 실험대상으로 삼았다. 연한 농도로 시작한 실험은 점차 강도를 더해갔다. 위험 직전까지 치달으며 그의 몸은 자신도 모르게 독의 면역력을 키워갔다.

절대 왕권을 꿈꿨던 미트리다테스 대왕은 아들인 파르나케스가 일으킨 반란으로 투옥됐다. 처형을 앞두고 음독자살을 시도하지만 독의 내성으로 실패, '불멸의 남자'란 타이틀을 얻었다. 트릴링의 문학 면역기능은 미트리다테스의 독처럼 강력했다.

코로나 격리기간에 도예나 악기 연주 등을 시작하는 사람이 늘었다. 하다못해 모바일 동영상 공유 앱 틱톡으로 자신을 촬영해 인스타그램과 페이스북에 올려야 직성이 풀렸다. 미래엔 모든 사람이 예술가가 되지 못한다 하더라도 자아도취 사회로 갈 공산이 높아 보인다. 앞서 적었던 모두가 쓰고 아무도 읽지 않는 세상 모습과 흡사하다.

아탈리가 가장 주목하는 미래기술은 홀로그램이다. 그는 "앞으로 20년 동안 수많은 기술적인 변화가 있을 것"이라고 전제, "특히 홀로그램은 발레나 연극 등 여러 분야 무대예술의 미래 새 기반으로 자리할 것"이라고 지적했다.

이어지는 그의 충고. "머지않은 미래에 연극 등 공연도 실시간으로 중계하는 플랫폼이 나타날 것이다. 영화의 넷플릭스 같은 플랫폼 말이다. 언젠가 전염병은 끝나겠지만, 과거 실수를 반복하는 것은 어리석다. 예술교육을 강화해 아이들이 각자 예술적 소양을 키우고 재능을 발견하도록 해야 한다." 인간은 진정성 있는 문학과 예술의 편에 서 있다.

케인지언의 귀환

강하고 유능한 정부가 필요하다.

케인지언의 귀환이다. 김호기 연세대 사회학과 교수는 그는 한 칼럼에서 각국 정부가 팬데믹 경제 위기의 전방위적 뉴딜 요구에 부응, 재정 확대로 경제 살리기에 분투하는 양상을 이렇게 표현했다. 디지털 전환(DT Digital Transformation))과 4차 산업혁명과 미래 지향적 산업정책은 물론 구조화한 빈부 격차를 완화하는데 필요한 것은 '작은 정부'가 아니라 '강하고 유능한 정부'라는 것.

이는 정치학적 관점의 '국가 귀환'과 궤를 같이 한다. 김 교수는 개인주의와 자유주의를 위축시킬 우려에도 불구, 공동체의 삶을 조화시키는 '공화주의적 상상력'이 새삼 소환되고 있다고 분석했다. 국제정치학적 시선에서 보면 포스트 코로나는 '탈세계화 촉진'의 변곡점이 돼 글로벌 거버넌스를 무력화할 수 있다는 게 그의 진단이다.

김 교수는 감염병은 비규칙적 폭풍으로 몰아쳐 인류 생존을 위협할 것이라고 경고한다. 바이러스 전문가 네이션 울프의 '보이지 않고 냄새도 없는 살인자 바이러스'란 표현처럼 말이다. 이렇게 지구촌은 언택트 사회의 급진전과 함께 안개 가득한 불확실성 시대로 빠져들고 있다.

그의 칼럼에서 나오며 세계적 진보지성 나오미 클라인의 2007년 저술 『Shock Doctrine』을 떠올린다. 대규모 쇼크 상황에서 이윤 극대화를 추구하는 재난자본주의(Disaster Capitalism)의 행태를 들추는 내용이다. 전쟁 쿠데타 재해 등 재난국면에서 거대 1% 자본이 99%에 가하는 행위는 사실상 폭력이라는 게 그의 주장.

포스트 코로나 케인지안의 귀환은 자칫 이 논쟁을 재연할 우려로 이어진다. '쇼크 독트린'이 코로나 기간 중 전세계적으로 역주행한 것은 그 때문이다. 재빨리 백신 개발에 성공해 엄청난 수익을 올린 모더나 화이자 아스트라제네카 등 제약회사에 의심의 눈초리가 쏟아졌다. 여기저기 음모론까지 흘러 다녔다.

나오미 견해처럼 이들 제약사는 코로나 쇼크를 먹고 급성장 가도를 달렸다. 재난자본주의의 극강 수혜자였던 게 분명하다. 하지만 치열한 백신개발 경쟁 끝에 먼저 테이프를 끊은 이들 회사에 각국이 백신물량을 빨리 달라며 줄을 섰던 당시 상황을 돌아보면 일방적인 비난이나 음모론이 올바른 것인지는 의문이다.

민간기업과 국가는 다르다. 하지만 나오미는 국가 역시 각종 재난에 부당하게 개입 엄청난 수혜자로 길을 간다는 입장. 정의로운 케인지언의 귀환이길 함께 바라야 할 뿐이다.

Leaving

곧 떠나야 할 시간이 올지 모르겠다.

본의 아니게, 그것도 나이순대로. 코로나 바이러스는 그런 암울한 신호를 남겼다. 지구와 인류의 지속 가능성을 젊은층에 당부하고 고령자는 먼저 세상과 자의적으로 결별하라는 시그널.

바이러스가 잦아지지 않으면 80대부터 그런 선택이 불가피하다. 다음 70대, 그러고도 바이러스가 잡히지 않으면 60대와 50대까지, 심지어 40대조차. 아무도 원망하지 않으면서 떠나야 할 시간이 오고 있음을 직감하는 시간이었다.

코로나의 다른 이름은 BR, Boomer Remover. 60세에서 70세 이상의 베이비부머(OK부머) 고령자를 제거하는 감염병으로 낙인됐다. 그들로 연금과 복지 수요가 늘고 국가의 재원 부담이 가중하면서 궁지로 몰리는 현상을 바이러스가 먼저 알아차렸다는 것. 너무 비장해 불편했지만 실제 그랬다.

우울감에 재즈 뮤지션 쳇 베이커의 'Leaving'을 반복해서 들었다. 느릿한 트럼펫 멜로디. 그가 간혹 드러냈던 신경질적인 연주는 찾아볼 길 없이 절제되고 애조 띤 음률. 그리고 떠나가는 사람들. 코로나 시대 문득 Living 아닌 Leaving을 떠올린 것은 그의 죽음과 연관도 없지 않다.

1988년 봄 네덜란드 암스테르담에 머물던 그는 2층 창문에서 추락했다. 자살이냐, 실족사냐 논란을 뒤로 한 채로 끝내 우리 곁에 돌아오지 못했다. 왜 그는 사고 직전 패션 사진작가 브루스 웨버의 다큐멘터리 '잊혀버리자(Let's get Lost)'에 출연했던 것일까? 메멘토 모리, 죽음을 기억하자.

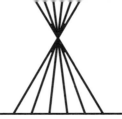

나가며
빅피처를 그리며

한국을 상징하는 헤드라인.

소위 국가브랜드 키워드를 묻는 말에 여전히 '다이내믹 코리아 (Dynamic Korea)'라고 답하는 사람이 태반이다. 요동치는 한국 상황을 이처럼 잘 표현할 수가 없었기에. 그렇게 오래 우리의 입에 담겨 고정화한 표현이다 싶다.

2016년 '크리에이티브 코리아(Creative Korea)'를 발표하면서 화려한 축제를 했던 걸 기억하는 사람은 별로 없다. 평소 많은 곳에서, 혹은 여러 나라가 크리에이티브란 단어를 사용하는 바람에 힘을 잃었다. 특히 '크리에이티브 프랑스' 표절 의혹까지 일어 사실상 폐기처분된 후 새로운 논의를 잇지 못했다.

글을 마무리할 시점, 나라는 의과대 정원 2,000명 파격 증원으

로 시끄럽다. 여기도 트리클다운 낙수가 등장한다. 소위 '낙수과'
와 '피안성'이다. 비인기 필수의료에 종사하는 의료인은 자칭 낙
수과 의사다. 그들은 필수의료를 낙수의료라고 자조한다. 피안성
은 피부과 안과 성형외과 전공과목의 줄임말이다. 낙수는 낙루가
되고 피안성은 웃음꽃인가? 마음이 서늘할 뿐이다.

 망설이지 마라, 이젠 '거쉬업 코리아'다. 바닥을 차고 오르며 위
로 분출하는 거대한 힘, 다이내믹 크리에이티브는 물론, 패션(열
정) 하모니(화합) 같은 의미를 다 담아내는 국가브랜드로 내걸기
손색이 없다. 낡은 틀을 깨는 분출형 대전환이 절실한 시점이다.
이대로 가면 2류국가 아니라 3류로 추락한다.

 이미 암울한 신호음은 발신을 시작했다. 아무도 심각하게 경청
할 요량이 아니다. 다들 설마, 설마 대한민국이 추락까지야 하겠
어? 곧 올라서겠지. 한국이 어떤 나라이며 우리가 어떤 민족인데.
이런 식의 막연한 희망과 기대가 위기를 가속화한다. 책 속에 위
기 절망 좌절을 반복한 것은 비관론자여서가 아니라 근거 없는 낙
관론에서 함께 벗어나자는 바람이다.

 이렇게 빅픽처를 그리자. 나라의 지향점은 마이너가 아닌 메이
저 컨버전, 수단은 거쉬업 하나뿐이라고. 국가 시스템과 성장전략
전반을 거쉬업 모드로 돌려세워야 한다. 그런 다음 분야별 작은
그림의 로드맵을 그리고 구체적인 액션플랜 수립 후 실행단계로
진입하는 게 바른 수순이다.

 돌아보니 책은 계몽주의 낡은 유산으로 넘쳐난다. 뭐 그리 잘
났기에 "그러면 안 된다" "이래야 저래야 한다"를 남발했는지 지우
고 싶은 대목이 한둘 아니다. 꼰대의 진면모라고 비난해도 할 말

이 없다. 걸리면 과감히 걷어내면서 눈길 가는 대로 읽을 대목만 추려 되새기길 바라는 마음이다.

글에는 영어표현이 많다. 일부러 한글 표기 없이 영어를 그대로 구사하기도 했다. 이 또한 트리클다운의 잔재다. 선진 학문과 기술 용어를 따라가며 배우고 익혀야 했던 흔적들. 그래서 영어 등 외래어 원어가 먼저고 그것을 번역해 사용할 수밖에 없는 한계를 되새기는 것도 나쁘지 않다. 그나마도 상당수는 일본이 먼저 옮긴 한자어를 그대로 가져온 것이라 더 참담하다.

용서하시라. 거쉬업은 그토록 절박하다. 우리가 먼저 기술을 개발해 제품화해야 한글용어를 붙일 수 있다. 그러면 영어는 부속물로 따라다닐 것이다. 영어력이 겸비된 MZ력이 거쉬업의 핵심 엔진이다. 바닥을 들끓게 해야 한다. 온 나라가 거쉬업 뜨거운 물결로 넘실거리길 소망한다.

거쉬업

초판 1쇄 발행 2024년 9월 30일

지은이 허의도
펴낸이 정성욱
펴낸곳 이정서재

편집 이금남 정법안
마케팅 정민혁

출판신고 2022년 3월 29일 제 2022-000060호
주소 경기도 고양시 덕양구 무원로6번길 61 605호
전화 031)979-2530 | FAX 031)979-2531
이메일 jspoem2002@naver.com

© 허의도,2024
ISBN 979-11-988460-1-3(03300)

여러분의 소중한 원고를 기다립니다.
jspoem2002@naver.com